Estudos de Direito da Insolvência

2018 • 2ª Edição

Alexandre de Soveral Martins
Professor da Faculdade de Direito da Universidade de Coimbra

ALMEDINA

ESTUDOS DE DIREITO DA INSOLVÊNCIA
AUTOR
Alexandre de Soveral Martins
EDITOR
EDIÇÕES ALMEDINA, S.A.
Rua Fernandes Tomás, nºs 76-80
3000-167 Coimbra
Tel.: 239 851 904 · Fax: 239 851 901
www.almedina.net · editora@almedina.net
DESIGN DE CAPA
FBA.
PRÉ-IMPRESSÃO
João Jegundo
IMPRESSÃO E ACABAMENTO
Vasp - DPS
Outubro, 2018
DEPÓSITO LEGAL
446649/18

ALMEDINA | GRUPOALMEDINA

BIBLIOTECA NACIONAL DE PORTUGAL – CATALOGAÇÃO NA PUBLICAÇÃO

MARTINS, Alexandre de Soveral

Estudos de direito da insolvência. – 2ª
ed. – (Manuais universitários)
ISBN 978-972-40-7578-5

CDU 347

Estudos de Direito da Insolvência

NOTA PRÉVIA À 2ª EDIÇÃO

Perante o bom acolhimento que teve a 1ª edição destes «Estudos», surgiu a necessidade de decidir entre fazer uma mera reimpressão da obra ou apresentar ao público uma 2ª edição. Optou-se por uma via intermédia, na medida em que, apesar de não se introduzirem alterações nos textos iniciais, foram acrescentados dois novos trabalhos: um deles sobre o RERE e o outro dedicado ao regime da conversão de créditos em capital.

Que sejam úteis a quem os ler.

Chãs de Semide, 28 de maio de 2018

As alterações ao CIRE quanto ao PER e PEPAP[1]

1. O DL 79/2017, de 30 de junho

Com a publicação do DL 79/2017 foram introduzidas significativas alterações ao CIRE. Destacamos as que dizem respeito ao PER e o novo regime do PEPAP, temas a que dedicaremos este breve estudo. Foi igualmente inserida no CSC pelo mesmo diploma a possibilidade de, em certos casos, aumentar o capital social por comunicação, mas dessa novidade não vamos aqui falar.

2. O PER para as empresas, o PEPAP (Processo Especial Para Acordo de Pagamentos) para os devedores que não sejam «empresas»

Da leitura do DL 79/2017 ressalta, em primeiro lugar, que o PER passou a ser apenas aplicável a «empresas». Os arts. 1º, e 17º-A a I foram, por isso, alterados de forma a que se tornasse claro isso mesmo. Por sua vez, o PEPAP será aplicável ao devedor que não seja empresa. Pretendeu-se, assim, superar as divergências doutrinais e jurisprudenciais que se faziam sentir acerca do âmbito de aplicação do PER[2].

Parece, desde logo, discutível que no caso das pessoas singulares se deva estabelecer a distinção entre devedor «empresa» e devedor «não empresa», confundindo sujeito e objeto. A noção de empresa fixada no art. 5º do CIRE não parece ser a de um sujeito: é uma organização de capital e de traba-

[1] Este texto constitui um desenvolvimento de um outro que foi escrito para a *Fórum Jurídico*, Instituto do Conhecimento Abreu Advogados/Almedina. Aqui fica o nosso agradecimento ao Doutor Ricardo Costa pelo convite que então nos dirigiu.

[2] Sobre as mesmas, v. o nosso *Um curso de direito da insolvência*, 2ª ed., Almedina, Coimbra, 2016, p.511, em nota, e Catarina Serra, *O Processo Especial de Revitalização na jurisprudência*, 2ª ed., Almedina, Coimbra, 2017 (reimp. da edição de 2016), p. 35 e ss..

lho destinada ao exercício de qualquer atividade económica[3]. Veja-se que a própria organização surge mencionada como tendo sido destinada para o exercício de atividade económica: o destino é fixado de fora da própria organização, dando assim a entender que a empresa não é sujeito.

Só que o termo «empresa» usado no âmbito do novo regime do PER parece significar «sujeito»: o sujeito devedor que manifesta vontade, que apresenta o requerimento, etc. O mesmo se diga quanto ao PEPAP. E isto não deixará de dar lugar a dúvidas e dificuldades.

Mas, acima de tudo, não se vê bem qual a vantagem em criar um novo regime que é praticamente decalcado do que encontramos para o PER[4]. Não teria sido melhor manter o PER e fazer-lhe as necessárias adaptações quanto aos devedores pessoas singulares que não sejam empresários?[5]

3. No PER, a exigência aumenta

As alterações propostas visam, claramente, introduzir mais exigência no regime do PER. Com efeito, lê-se no Preâmbulo do DL 79/2017 que se pretende apostar na sua credibilização e no reforço da transparência.

Aquela maior exigência resulta, desde logo, da necessidade da apresentação da declaração subscrita por contabilista certificado ou ROC, consoante os casos, de que a «empresa» não se encontra em situação de insolvência atual (art. 17º-A, 2, do CIRE). Devemos saudar esta alteração[6]. O mesmo se diga quanto à exigência de apresentação da proposta de plano de recuperação com o requerimento inicial (art. 17.º-C, 3, *c*)).

É igualmente digna de uma nota positiva a introdução da necessidade de que os credores que manifestam vontade de encetar negociações sejam titulares de créditos não subordinados de certa importância (cfr. o art. 17º-C, 1 e 6).

[3] Sobre a noção, Coutinho de Abreu, *Curso de direito comercial*, I, 10ª ed., Almedina, Coimbra, 2016, p. 339 e s.. Considerando relevante a noção de empresa do art. 5º em relação ao Projeto de DL sujeito a consulta pública, v. David Festas, «Alterações a introduzir no Processo Especial de Revitalização», RDS, 2017, IX, 1, p. 37.

[4] Assim, também, perante o Projeto de DL sujeito a consulta pública Ana Leal/Cláudia Trindade, «O processo especial para acordo de pagamento (PEAP): o novo regime pré-insolvencial para devedores não empresários», RDS, 2017, IX, 1, p. 70.

[5] Ana Leal/Cláudia Trindade, «O processo especial para acordo de pagamento (PEAP): o novo regime pré-insolvencial para devedores não empresários», cit., p. 91, defendiam antes uma remissão geral, seguida de normas com as especificidades do PEPAP.

[6] O regime do PEPAP não exige a referida declaração, como também não exige que o devedor seja «recuperável».

4. A oportunidade de corrigir alguns lapsos

O DL 79/2017 foi aproveitado para corrigir vários aspetos que tínhamos já criticado[7]. Destacamos, em primeiro lugar, a atenuação do caráter confuso que tinha o art. 17º-C.

Com efeito, na redação anterior do art. 17º-C, nº 3, surgia a expressão «munido da declaração [...] o devedor deve, de imediato, adotar os seguintes procedimentos». A «comunicação» não se confundia com a «declaração». Mas sempre defendemos que mais valia ver escrito na lei que a «empresa» (o devedor empresário) tem que apresentar requerimento acompanhado, entre outras coisas, daquela declaração. E foi precisamente isso que ficou a constar agora da nova redação do art. 17º-C, 3 (cfr., para o PEPAP, o art. 222º-C, 3).

Mais grave, porém, era o facto de o despacho a nomear o administrador judicial provisório surgir perdido no meio da al. *a)* do nº 3. Trata-se de um despacho importantíssimo e que terá relevantes efeitos, que merecia por isso outro destaque. Tanto mais que o art. 17º-C tinha (e tem) a epígrafe «Requerimento e formalidades». Aquele aspeto também foi corrigido e vemos agora surgir um nº 4 no art. 17º-C que autonomiza o tratamento dado ao despacho a nomear o referido administrador (cfr., para o PEPAP, o art. 222º-C, 4).

No entanto, há um aspeto que merece ser destacado e que não foi objeto de atenção do legislador. É que no nº 1 do art. 17º-C começa-se por dizer que o PER se inicia por meio de uma manifestação de vontade de encetar negociações. Mas, na verdade, não basta que essa manifestação de vontade tenha lugar para que o PER se inicie (cfr., para o PEPAP, o art. 222º-C, 1).

A oportunidade poderia ter sido aproveitada, também, para melhorar a redação do art. 17º-G. Há ainda algum espaço para continuar a discutir, perante os nºs 3, 4 e 7 e existindo situação de insolvência da «empresa», se deve iniciar-se um processo de insolvência que não se confunde com o PER ou se é o PER que, efetivamente, se converte em processo de insolvência (para o PEPAP, v. o art. 222º-G, 3, 4 e 8). O novo art. 17º-J (bem como, para o PEPAP, o art. 222º-J) limitará, é certo, o relevo da questão.

5. O art. 17º-F, 3, e o prazo para alegar quanto ao plano depositado

O regime de aprovação do plano de recuperação conducente à revitalização do devedor foi consideravelmente alterado. Agora, o art. 17º-F começa

[7] Para uma perspetiva crítica, v. o nosso *Um curso de direito da insolvência*, cit., p. 509 e ss..

por estabelecer que o plano (a versão final) deverá ser depositado no tribunal (acompanhado de todos os elementos previstos no art. 195º) e publicada no CITIUS a indicação do depósito (quanto ao PEPAP, o art. 222º-F, 1, tem diferente redação).

Após essa publicação, qualquer credor tem a possibilidade de alegar o que tiver por conveniente acerca do plano. Nomeadamente, quanto a circunstâncias suscetíveis de levar à não homologação do mesmo. A empresa pode então alterar o plano e depositar nova versão no prazo de cinco dias. Se o fizer, é feita nova publicação no CITIUS «advertindo da junção ou não junção de nova versão».

Por sua vez, o art. 17º-F, 3, estabelece um prazo de 10 dias que servirá para que, durante o mesmo, tenha lugar a votação do plano e para que «qualquer interessado» possa solicitar a não homologação do plano (para o PEPAP, v. o art. 222º-F, 2). Isto pode obrigar a que seja solicitada a não homologação num momento em que ainda não se sabe se o plano vai ou não ser aprovado. Se o prazo para requerer a não homologação só começasse a correr depois de se conhecer o sentido da votação, dispensava-se o requerimento de não homologação de planos não aprovados...

6. Outras novidades importantes contidas no art. 17º-F

O art. 17º-F contém várias outras novidades que merecem destaque:

a) É clarificada a situação dos créditos que tenham sido impugnados (nº 5; para o PEPAP, v. o art. 222º-F, 3);

b) Torna-se evidente a possibilidade de aplicação de várias normas constantes do regime do plano de insolvência (nº 7);

c) Manda-se aplicar o regime dos nºs 2 a 4, 6 e 7 do art. 17º-G, no caso de o juiz não homologar o acordo (nº 8; para o PEPAP, v. o art. 222º-F, 6);

d) Clarifica-se o âmbito dos créditos abrangidos pela decisão judicial quanto ao acordo (nº 10; para o PEPAP, v. o art. 222º-F, 8);

e) Determina-se que se aplique ao plano de recuperação o art. 218º, 1 (nº 12; para o PEPAP, v. o art. 222º-F, 10);

f) Limita-se o recurso a PERs sucessivos (nº 13; para o PEPAP, v. o art. 222º-F, 11).

7. Efeitos do despacho que nomeia o AJP

7.1. Suspensão de prazos de prescrição e de caducidade

O art. 17º-E, 7, prevê agora que o despacho que nomeia o AJP tenha também como efeito a «suspensão de todos os prazos de prescrição e de caducidade oponíveis pela empresa, durante todo o tempo em que perdurarem as negociações e até à prolação dos despachos de homologação, de não homologação, caso não seja aprovado plano de recuperação até ao apuramento do resultado da votação ou até ao encerramento das negociações nos termos previstos nos nºs 1 e 5 do artigo 17º-G» (para o PEPAP, v. o art. 222º-E, 7). Trata-se, evidentemente, de uma solução que visa evitar que a empresa se sirva do PER apenas para ganhar tempo e assim procurar fazer com que o decurso dos dias conduza à prescrição ou caducidade.

7.2. Os serviços públicos essenciais

O despacho de nomeação do AJP impedirá que seja suspensa a prestação dos serviços públicos essenciais previstos no art. 17º-E, 8, e durante o tempo ali mencionado (para o PEPAP, v. o art. 222º-E, 8). Mas devemos perguntar se a «empresa» que já não consegue pagar os custos com esses serviços ainda é «suscetível de recuperação» (art. 17º-A, 1). De qualquer modo, o preço não pago dos serviços públicos essenciais que sejam prestados durante o período em causa será considerado dívida da massa («sem prejuízo do disposto no artigo 10º da Lei nº 23/96»: nº 9; para o PEPAP, v. o art. 222º-E, 9).

8. As sociedades em relação de domínio ou de grupo

É sabido que o tratamento isolado da situação de uma sociedade que esteja em relação de domínio ou de grupo com outras que também tenham de recorrer a um PER pode conduzir a perdas significativas de valor. O DL 79/2017 contém várias soluções que procuram fazer diminuir esse risco.

O art. 17º-C, 7, estabelece agora que o juiz, oficiosamente ou a requerimento do AJP ou de «todas» as empresas em relação de domínio ou de grupo (de acordo com o disposto no CSC) que tenham intentado um PER, apensa aos autos os processos especiais de revitalização intentados por sociedades comerciais com que a empresa esteja numa daquelas relações. No entanto, essa apensação só pode ser requerida até ao início do prazo de negociações previsto no art. 17º-D, 5, «no processo ao qual os demais devam ser apensados, aplicando-se, com as necessárias adaptações o disposto no nº 4 do artigo 86º».

Por outro lado, como a nomeação do AJP se rege pelo disposto nos arts. 32º a 34º «com as devidas adaptações» (art. 17º-C, 4), também há que ter em conta que está agora prevista a possibilidade de o juiz ter em conta proposta feita na petição inicial «quando o devedor seja uma sociedade comercial em relação de domínio ou de grupo com outras sociedades cuja insolvência haja sido requerida [...]» (art. 32º, 1; claro que a última parte reproduzida carece das «devidas adaptações»...).

As sociedades em relação de domínio ou de grupo são ainda objeto da atenção do novo nº 7 do art 17º-I. Como é sabido, o PER pode iniciar-se através de apresentação de acordo extrajudicial de recuperação (art. 17º-I, 1, que remete agora para a maioria de votos prevista no art. 17º-F, 5, e não para o art. 212º, 1). Aquele novo nº 7 permite igualmente que a empresa que apresenta o acordo requeira a apensação de outro PER que se tenha iniciado ao abrigo do art. 17º-I e nos termos do art. 17º-C, 7: ou seja, que tenha sido intentado por sociedade comercial com que a empresa se encontre em relação de domínio ou de grupo. Embora o art. 17º-I, 7, utilize o singular («processo especial de revitalização»), não parece afastada a possibilidade de ser requerida a apensação de dois ou mais PER.

9. O novo art. 17º-J

O DL 79/2017 acrescentou um novo art. 17º-J ao CIRE que trata do encerramento do PER e da cessação de funções do AJP, permitindo encarar com mais segurança vários problemas que foram surgindo ao intérprete (para o PEPAP, v. o art. 222º-J).

Desde logo, porque se torna mais fácil distinguir o processo negocial, de um lado, e o PER, do outro.

Além disso, torna-se mais claro até que momento o AJP se mantém em funções no PER. E, dessa forma, também se facilita a interpretação do art. 52º, 1, parte final, pois aí se mantém a «preferência, na primeira designação, ao administrador judicial provisório em exercício de funções à data da declaração de insolvência». Ao contrário do que sucedia até aqui, esta preferência vale agora também para os casos em que o PER dá lugar a um processo de insolvência (cfr. o art. 17º-G, 3, 4 e 7). É que o PER só se considera encerrado após «o cumprimento do disposto nos nºs 1 a 5 do artigo 17º-G nos casos em que não tenha sido aprovado ou homologado plano de recuperação». E o art. 17º-G, 3, faz precisamente referência à declaração de insolvência pelo juiz.

10. O art. 222º-G, 5

Quanto ao regime do PEPAP, há ainda um preceito que merece uma menção final: trata-se do nº 5 do art. 222º-G. O seu relevo prático é grande. Convém começar por lembrar que estamos agora a falar de um processo especial que diz respeito a devedores que não são empresas. Abrange, por isso, as pessoas singulares que não exerçam atividade empresarial. Essas pessoas singulares podem apresentar plano de pagamentos ou requerer a exoneração do passivo restante.

Porém, perante o anterior regime do PER (art. 17º-G), qualquer dessas possibilidades parecia não encontrar acolhimento na letra da lei se o devedor ou a maioria de credores prevista no art. 17º-D, 3, então em vigor concluía antecipadamente que o acordo não era alcançável ou se era ultrapassado o prazo para as negociações e o AJP entendia que o devedor estava em situação de insolvência. Nesses casos, o AJP devia requerer a insolvência do devedor e o juiz declarava essa insolvência no prazo de três dias úteis.

Sucede, porém, que o plano de pagamentos deve ser apresentado pelo devedor com a sua petição inicial do processo de insolvência (art. 251º) ou, tendo a declaração de insolvência sido pedida por terceiro, deve constar do ato de citação do devedor pessoa singular a indicação da possibilidade de apresentação daquele plano em alternativa à contestação (art. 253º). Mas o art. 17º-G, 3, 4 e 7 não reservavam um momento para a apresentação do plano de pagamentos.

Por sua vez, o art. 236º, 1, dispõe, entre outras coisas, que o pedido de exoneração do passivo restante é feito pelo devedor no requerimento de apresentação à insolvência ou no prazo de 10 dias posteriores à citação[8]. Mais uma vez, o regime parecia dificilmente conciliável com o disposto no art. 17º-G.

O que vemos agora surgir escrito no art. 222º-G, 5, é que, sendo feita a comunicação com o parecer do AJP «no sentido da insolvência do devedor», o tribunal notifica o devedor «para, querendo e caso se mostrem preenchi-

[8] O art. 236º, 1, foi também alterado pelo DL 79/2017 para passar a ser tidos em conta os casos em que foi dispensada a realização de assembleia de apreciação do relatório.

dos os respetivos pressupostos, em cinco dias, apresentar plano de pagamentos nos termos do disposto nos artigo[s] 249º e seguintes ou requerer a exoneração do passivo restante nos termos do disposto nos artigos 235º e seguintes». É uma solução que não pode deixar de ser aplaudida.

A Reforma do CIRE e as PMEs[9]

1. Nota prévia. As alterações recentes introduzidas no CIRE não tornam fácil a tarefa de identificar o que pode ali ter especial interesse para as PMEs e, sobretudo, para as micro-empresas. Mesmo estas últimas, de acordo com a Recomendação de 6.5.2003, são definidas como as que empregam menos de 10 pessoas e têm volume de negócios anual ou balanço total anual que não excede 2 milhões de euros. No entanto, é possível encontrar na reforma do CIRE normas que, podendo abranger também a grande empresa, terão consequências mais significativas para as restantes. Umas, sob a ótica da PME devedora. Outras, da PME credora. Umas, podem ser vantajosas para a PME, enquanto outras trarão consigo desvantagens. É disso que iremos falar.

2. Do PER ao PEPAP, passando pela empresa, pela pessoa singular, pelo comerciante, pelo não comerciante, pelo não empresário... A primeira grande alteração que podemos destacar diz respeito ao âmbito de aplicação do PER. O PER passou a aplicar-se apenas à empresa, enquanto o PEPAP apenas diz respeito ao devedor que não é empresa. No entanto, a terminologia não deixa de ser equívoca. O devedor é que deveria ser visto como empresário ou não empresário. E pode ser empresário pessoa coletiva ou empresário pessoa singular.

[9] Constitui, na sua maior parte, o texto da conferência proferida no Colóquio «As PMEs e o (novo) Direito da Insolvência», que teve lugar na Faculdade de Direito da Universidade de Coimbra em 27.10.2017. Foram introduzidas algumas alterações exigidas pela posterior reflexão sobre os temas.

O preâmbulo do DL 79/2017 não é uma grande ajuda. Ali se lê o seguinte: «desenhou-se um PER dirigido às empresas, sem abandonar o formato para as pessoas singulares não titulares de empresa ou comerciantes». Parece, assim, que o espírito da lei terá sido o de abranger ainda no PER as pessoas singulares titulares de empresas. E veja-se que no preâmbulo a empresa surge como algo que pode ser da titularidade de um sujeito: não aparece como o próprio sujeito. Ao contrário do que vemos suceder nos arts. 17º-A e ss., em que parece ser desrespeitada a noção de empresa do art. 5º, como aliás já foi posto em evidência por Coutinho de Abreu num outro momento. De qualquer modo, o preâmbulo só faz aumentar a confusão quando, ao lado da pessoa singular não titular de empresa, coloca também a pessoa singular não comerciante. Então, para onde vai a pessoa singular comerciante não empresária? Para o PER ou para o PEPAP? Eu diria: para o PEPAP. Que também vai abranger pessoas coletivas que não sejam empresárias: veja-se o art. 222º-D, 11.

O que parece certo é que as pessoas singulares empresárias podem recorrer ao PER. E essas pessoas singulares serão, muito provavelmente, titulares de PMEs.

3. A declaração de contabilista ou ROC e o requerimento de PER. Outra grande alteração que podemos destacar diz respeito aos requisitos que o art. 17º-A, 2, do CIRE passou a exigir para que seja apresentado o requerimento de abertura de um PER.

Como muitos saberão, com as alterações de 2017 o requerimento tem que ser acompanhado de declaração subscrita por contabilista certificado ou ROC sempre que a revisão de contas seja legalmente exigida. Essa declaração deve atestar que o devedor não se encontra em situação de insolvência atual.

Embora concordemos com a alteração, é inevitável pensarmos que isto poderá obrigar à realização de mais uma despesa: a que diz respeito aos honorários do contabilista ou ROC. E, evidentemente, isso terá maiores repercussões nas pequenas (ou micro) empresas.

4. Os serviços públicos essenciais e as negociações no PER. Também será certamente útil para as PMEs a não suspensão dos serviços públicos essenciais durante o período em que perdurarem as negociações no âmbito do PER. Com efeito, essa é uma alteração introduzida no art. 17º-

E, 8, e terá sido bem acolhida pelas empresas. Sendo certo que provavelmente serão as micro e pequenas empresas que não terão já liquidez para pagar aquelas prestações.

5. A PME credora e o plano de recuperação apresentado no PER

O art. 17º-F contém alterações de monta no que diz respeito à forma de reagir perante um plano de recuperação apresentado pela empresa devedora no PER e que, na perspetiva do credor, não deva ser homologado.

Está agora previsto no nº 1 do art. 17º-F que a empresa devedora tem de depositar no tribunal a versão final do plano de revitalização e que será publicada no Citius a indicação do depósito. De acordo com o nº 2, qualquer credor tem então um prazo para alegar, designadamente, circunstâncias suscetíveis de levar à sua não homologação. A empresa devedora pode então alterar o plano e depositar a nova versão.

Findo o prazo para esse efeito, é publicado no CITIUS um anúncio advertindo da junção ou não junção da nova versão. A partir da publicação corre o prazo de votação de 10 dias. Este prazo é destinado não apenas à votação, mas também à solicitação por qualquer interessado da não homologação do plano. É o que se lê no art. 17º-F, 3. O que significa que se pode estar a solicitar a não homologação antes de se saber se o plano foi ou não aprovado. Isto pode poupar trabalho aos senhores juízes, mas complica a vida aos senhores advogados e aumentará o valor da fatura a apresentar aos clientes.

Na perspetiva das PMEs credoras, o que dissemos interessa porque são muitas vezes as pequenas empresas que não têm força negocial para ditar o sentido do plano que será sujeito a votação. Serão também elas que poderão querer apelar ao tribunal para que seja corrigido o que, na sua ótica, está mal. As grandes credoras já terão negociado o conteúdo do plano de recuperação.

E isto é tanto mais importante quanto o art. 17.-F, 10, estabelece que a «decisão de homologação vincula a empresa e os credores, mesmo que não hajam reclamado os seus créditos ou participado nas negociações, relativamente aos créditos constituídos à data em que foi proferida a decisão» que nomeia o AJP.

Existe, aliás, um regime semelhante ao do art. 17º-F, 3, no art. 222º-F, 2, para o PEPAP. E também podemos estar aqui a falar de uma PME credora de uma entidade que não é empresária e que recorreu ao PEPAP.

As semelhanças entre o PER e o PEPAP são tão grandes que ainda ninguém deve ter percebido por que razão não se manteve apenas o PER, com adaptações pontuais consoante o devedor em causa. Mas é pena que no PER não se tenha feito a aproximação ao PEPAP no que diz respeito ao art. 222º-G, 5. É que neste artigo abre-se a possibilidade de, formulando o AJP o pedido de insolvência, ser ainda requerida a exoneração do passivo restante. Ora, um devedor pessoa singular empresário também pode requerer a exoneração do passivo restante. E isso não está previsto no art. 17º-G. Isto, obviamente, pressupondo que o PER também pode ser usado por pessoas singulares empresárias. É algo que interessa às PMEs. Dizemos pressupondo, porque temos de aguardar para ver o que os tribunais decidirão (designadamente, também quanto à aplicação, por analogia, do art. 222ºG, 5).

6. Citações e formulários. No art. 37º, 4, é introduzida uma alteração que tem em vista adaptar o CIRE ao novo Regulamento 2015/848. É ali estabelecido que os credores com residência habitual, domicílio ou sede estatutária noutro Estado-Membro serão citados por carta registada, nos termos do art. 54º do NR. E os credores de outros Estados-Membros podem ser PMEs. O facto de a citação ter lugar por carta registada poupa tempo e recursos na tentativa de acompanhar a situação do devedor.

Também podem ter importância para as PMEs as alterações introduzidas no art. 128º. Regula-se aí a apresentação de reclamações de créditos por credores da insolvência que não estejam patrocinados e permite-se o recurso a formulários. Tratando-se de processos a que seja aplicável o Regulamento 2015/848, o nº 4 prevê também, por força daquele instrumento europeu, a utilização de formulários-tipo. A possibilidade de recurso a esses formulários levará a que algumas PMEs pensem em poupar o dinheiro que poderiam ter que gastar com honorários de advogados. Mas o barato pode sair caro.

7. O encerramento do processo de insolvência e a exoneração do passivo restante. A alteração mais complicada de explicar, mas que pode ter grande interesse prático, é a que respeita ao art. 233º. Este preceito surge integrado nas normas relativas ao encerramento do processo de insolvência. O novo nº 7 vem estabelecer que o «encerramento do processo de insolvência nos termos da alínea *e)* do nº 1 do artigo 230º, quando existam bens ou direitos a liquidar, determina unicamente o início do período de cessão do rendimento disponível».

Trata-se, portanto, de um preceito que só pode ser compreendido se tivermos ainda em conta que está em causa um processo de insolvência em que existe um incidente de exoneração do passivo restante. A exoneração do passivo restante apenas diz respeito, entre nós e por enquanto, a pessoas singulares. Mas essas pessoas singulares podem ser empresários: vale por dizer, podem explorar uma empresa. Se o fazem como empresários em nome individual, é muito provável que as empresas sejam pequenas, ou micro, ou nano-empresas.

Pois bem, o que nos diz o art. 230º do CIRE é que o encerramento do processo de insolvência tinha lugar, pelo menos, no despacho inicial de exoneração do passivo restante.

Como é sabido, este regime suscitou muitas dúvidas relativamente aos casos em que se chegava à altura de proferir o despacho inicial referido e ainda havia bens suficientes para se continuar com ou avançar para a liquidação. Isto porque, de acordo com o art. 239º, 2, do CIRE, o período da cessão de rendimentos ao fiduciário é subsequente ao encerramento do processo.

Tínhamos, assim, uma situação complicada. No momento de proferir o despacho inicial no incidente de exoneração do passivo restante ainda havia, no processo de insolvência, bens para liquidar e este não estava encerrado. Se o juiz cumpria o disposto no art. 230º, 1, *e)*, encerrava o processo de insolvência sem que neste tivesse terminado a liquidação dos bens do devedor e iniciava-se o período da cessão. Sucede, porém, que poderíamos estar a falar de bens de elevado valor, por um lado, e de rendimentos reduzidos, por outro. Se se produzissem os restantes efeitos do encerramento do processo de insolvência previstos no art. 233º, o devedor ficaria muito contente e os credores muito aborrecidos.

Note-se também o seguinte: o despacho inicial no incidente de exoneração do passivo restante é proferido na assembleia de apreciação do relatório ou nos 10 dias subsequentes. Isto, naturalmente, pressupondo que houve essa assembleia, pois se não houve o prazo é diferente. Tendo em conta que o art. 158º estabelece que o começo da venda dos bens se dá após o trânsito em julgado da sentença declaratória da insolvência e depois de realizada a assembleia de apreciação do relatório, não haverá normalmente tempo para liquidar tudo antes do despacho inicial no incidente de exoneração do passivo restante.

A jurisprudência estava dividida. No Ac. RC de 18.10.2016 (Desembargador Fonte Ramos), por exemplo, entendeu-se que o período da cessão podia ocorrer antes do encerramento e depois do despacho inicial. Na minha opinião, o Acórdão da RP de 24.1.2017 (Desembargadora Márcia Portela), consagrava a melhor solução, citando boa doutrina. Aí se entendeu que, havendo bens para liquidar na data de proferir despacho inicial, o encerramento teria lugar após rateio final (230º, 1, *a)*). Só então o período da cessão começaria a contar.

Carvalho Fernandes e João Labareda[10] sustentaram que, havendo património a liquidar, o despacho inicial no incidente de exoneração não deveria declarar o encerramento do processo de insolvência.

Defendemos também uma interpretação restritiva do art. 230º, 1, *e)*. Os argumentos eram simples. Como a Professora Catarina Serra demonstrou[11], o art. 230º, 1, *e)*, terá surgido por causa do regime contido no art. 248º, em que se estabelece um diferimento do pagamento das custas na parte em que a massa insolvente e o seu rendimento disponível durante o período da cessão sejam insuficientes para o pagamento integral das próprias custas. Sublinho: a massa insolvente e o rendimento disponível nem sequer davam para pagar as custas. Porém, o nº 6 do art. 232º não permite encerrar o processo de insolvência por insuficiência da massa se o devedor beneficia do referido diferimento de pagamento das custas. O encerramento do processo de insolvência previsto no art. 230º, 1, *e)*, permitiria encerrar esse processo de insolvência no despacho inicial do incidente de exoneração. Repito: num caso em que a massa insolvente e o rendimento disponível não davam sequer para pagar as custas.

Mas se esse era o espírito do art. 230º, 1, *e)*, não faria sentido aplica-lo aos casos em que a massa insolvente se encontrava mais recheada; aos casos em que a situação da massa permitia avançar com a liquidação e pagar aos credores.

Claro que não estamos a falar das situações em que os únicos bens que surgiam eram os rendimentos da atividade do devedor. Isto porque o art. 182º, 1, estabelece que «o encerramento da liquidação não é prejudicado pela circunstância de a atividade do devedor gerar rendimentos que acresceriam à massa». Não há, assim, o risco de o processo de insolvência

[10] *Código da Insolvência e da Recuperação de Empresas* anotado, 3ª edição, Quid Iuris, Lisboa, 2015, p. 829.

[11] *O regime português da insolvência*, 5ª ed., Almedina, Coimbra, 2012, p. 144.

se prolongar para todo o sempre (não se vai manter aberto se apenas vão surgindo esses rendimentos).

Dizíamos também, no *Curso de Direito da insolvência*, que poderia haver quem entendesse que, havendo bens para liquidar, a solução passaria por admitir o que chamámos um «encerramento pequenino». Um encerramento que não produziria todos os efeitos do art. 233º.

E a verdade é que a alteração introduzida no art. 233º, 7, vai nesse sentido. Diz esse novo número que o «encerramento do processo de insolvência nos termos da alínea *e)* do nº 1 do artigo 230º, quando existam bens ou direitos a liquidar, determina unicamente o início do período de cessão do rendimento disponível».

A solução agora moldada em lei carece de alguns esclarecimentos.

Antes de mais, embora no dito preceito se escreva que o encerramento no despacho inicial do incidente de exoneração determina unicamente o início do período de cessão, isso não quer dizer que, a partir daí, só se pratiquem os atos relacionados com essa cessão. A palavra «unicamente» significa apenas, julgamos nós, que os outros efeitos do encerramento previstos no art. 233º não se produzem. Como há bens a liquidar, deve proceder-se a essa liquidação no processo de insolvência.

Mas quando é que se produzem os restantes efeitos do encerramento? Ou não se produzem? É necessário ter em conta que encontraremos, a correr paralelamente, a liquidação da massa e o incidente de exoneração do passivo restante, tendo-se também iniciado o período de cessão. Julgamos, por isso, que a produção dos restantes efeitos do encerramento terá lugar em função do que suceder de um ou de outro lado.

Por outro lado, o novo art. 233º, 7, também não esclarece se, *depois da decisão de encerramento prevista no art. 230º, 1, e)*, será ou não necessária uma outra decisão de encerramento para que se produzam os restantes efeitos do encerramento. Da sua letra parece retirar-se que não. Mas, se assim é, a identificação do momento da produção desses restantes efeitos exige algum cuidado.

Vamos supor que foi proferido o despacho inicial no incidente de exoneração do passivo restante e que ainda havia bens ou direitos para liquidar no processo de insolvência. Podemos adiantar algumas hipóteses e as correspondentes propostas de solução.

Primeira hipótese: no processo de insolvência tem lugar o rateio final antes da decisão final de exoneração. Se no processo de insolvência forem integralmente satisfeitos todos os créditos sobre a insolvência, no incidente de exoneração aplica-se o art. 243º, 4: «O juiz, oficiosamente ou a requerimento do devedor ou do fiduciário, declara também encerrado o incidente logo que se mostrem integralmente satisfeitos todos os créditos sobre a insolvência». No processo de insolvência, o rateio final deve levar à produção dos restantes efeitos do encerramento, por analogia com o disposto nos arts. 230º, 1, *a)*, e 233º, 1. Se no processo de insolvência não forem integralmente satisfeitos todos os créditos sobre a insolvência, o incidente de exoneração prosseguirá.

Segunda hipótese: A decisão final da exoneração tem lugar antes de terminar a liquidação no processo de insolvência. Nesse caso, a decisão final da exoneração pode levar à extinção de todos os créditos sobre a insolvência. Cessando a situação de insolvência, quando é que se produzem os restantes efeitos do encerramento? Note-se que o processo de insolvência corre para que nele tenha lugar a liquidação. A solução passará pela aplicação, por analogia, do disposto no art. 230º, 1, *c)*, tornando necessário o pedido de devedor? Não seria mais adequado considerar que o processo de insolvência se extingue por inutilidade superveniente da lide? Vejamos agora os casos em que há créditos que não se extinguem com a decisão final de exoneração (art. 245º, 2). Se esses créditos existirem, a decisão de exoneração não leva à produção dos restantes efeitos do encerramento do processo de insolvência. O processo de insolvência deve prosseguir para que a liquidação tenha lugar.

A nova solução legal complica a vida do intérprete. Veio consagrar uma via que tinha sido aceite por uma parte da jurisprudência. Mas fá-lo por caminhos complicados. E, na verdade, era possível chegar ao mesmo resultado por avenidas muito mais largas. Podia-se ter alterado o regime da exoneração do passivo restante em vez de mexer no do encerramento. Podia-se ter dito que o regime de exoneração do passivo restante seguiria determinados passos no caso de haver bens a liquidar na data do despacho inicial, e seguiria outros passos no caso de não haver. Se havia bens a liquidar, podia-se dizer, por exemplo, que a liquidação não impedia que, antes do encerramento do processo, se iniciasse o período da cessão de rendimentos ao fiduciário. Por outro lado, esclarecia-se o âmbito de aplicação do art. 230º, 1, *e)*. E estava tudo resolvido.

O RERE (Regime Extrajudicial de Recuperação de Empresas)[12]

1. Apresentação do tema

O regime do RERE foi aprovado pela Lei nº 8/2018, de 2 de março[13]. Quando comparado com o projeto inicial, mostra consideráveis melhorias no plano da sistematização. O RERE não constitui verdadeiramente um processo (ao contrário do que se passa com o PER), mas sim um regime

[12] Este texto sobre o RERE foi escrito para servir de base à minha intervenção numa mesa redonda que teve lugar no dia 23 de maio de 2018 no Auditório da sociedade de advogados Vieira de Almeida e que estava integrada na Conferência «Medidas de Reestruturação. Programa Capitalizar».

[13] Esta Lei também alterou o Código do IRC e o Código do IVA e definiu a «responsabilidade por dívidas tributárias dos administradores judiciais e titulares de órgãos de administração de uma pessoa coletiva ou ente fiscalmente equiparado, que sejam investidos nessas funções na sequência de acordo celebrado nos termos do RERE, da aprovação de plano de revitalização homologado no âmbito de Processo Especial de Revitalização (PER) ou de plano de recuperação aprovado no âmbito de processo de insolvência». O art. 33º ocupa-se tanto da responsabilidade dos administradores judiciais, como da responsabilidade dos titulares de órgãos de administração de pessoa coletiva ou ente fiscalmente equiparado. No entanto, a epígrafe e o capítulo só mencionam os administradores judiciais. Mais interessante é que se faça referência ao investimento em funções do administrador judicial na sequência de acordo celebrado nos termos do RERE, da aprovação de plano de revitalização homologado no âmbito de PER ou de plano de recuperação aprovado no processo de insolvência. Em que investimento em funções se estava a pensar? Quando é que, na sequência de um RERE, é investido em funções um administrador judicial? Quando é que, na sequência da aprovação de um plano de revitalização homologado no âmbito de um PER, é investido em funções um administrador judicial? Quando é que, na sequência da aprovação de plano de recuperação no processo de insolvência, é investido em funções um administrador judicial?

que pode ou não ser aplicável a certos processos de negociação e/ou a certos acordos de reestruturação[14].

No que diz respeito a pessoas singulares, o regime apenas se aplica às que sejam titulares de empresa, com o sentido que a esta é dado no art. 5º do CIRE (art. 3º, 1, *a)*). Mas já não é claro (e devia ser) se, em relação aos restantes devedores, é ou não necessário que sejam titulares de empresa (ou que integrem uma empresa, no caso de patrimónios). Pela nossa parte, consideramos que isso não é necessário[15]. É certo que o regime contém na sua designação a palavra «Empresas». Porém, o art. 2º, ao definir o âmbito objetivo de aplicação do regime, apenas exige que se trate de um devedor. O próprio art. 3º, ao identificar o âmbito subjetivo de aplicação, apenas menciona a necessidade de se tratar de entidade devedora mencionada nas als. *a)* a *h)* do art. 2º do CIRE, e só em relação às pessoas singulares exige que sejam titulares de empresa.

O RERE só pode aplicar-se se as entidades devedoras estiverem em situação económica difícil ou em situação de insolvência iminente (art. 3º, 1, *a)*). Logo, ficam de fora as entidades devedoras que já se encontrem em situação de insolvência atual. Mas, por outro lado, também são excluídas as entidades devedoras que não estejam sequer em situação económica difícil ou em situação de insolvência iminente.

Curiosamente, a L 8/2018 não parece exigir que o depósito do protocolo de negociação seja acompanhado por declaração de ROC atestando que o devedor não está em situação de insolvência atual. No que diz respeito ao acordo de reestruturação, o art. 19º, 2, *a)*, apenas exige expressamente que a declaração do ROC aí mencionada quanto à inexistência de situação de insolvência acompanhe aquele acordo relativamente aos devedores que sejam sociedades (não assim quanto à certificação do passivo total do devedor). Quanto ao depósito do protocolo de negociação, a ausência de

[14] No mesmo sentido, CATARINA SERRA, *Lições de direito da insolvência*, Almedina, Coimbra, 2018, p. 487. Os acordos de reestruturação não surgiram do nada. Para a Espanha, v., p. ex., RITA LARGO GIL, «El contenido del acuerdo (II): los acuerdos de reestructuración empresarial», in José Antonio García-Cruces (dir.), *Los acuerdos de refinanciación y de reestructuración de la empresa en crisis*, Bosch, Barcelona, 2013, p. 153 e ss.; para a Itália, quanto aos *accordi di ristrutturazione dei debitii*, GIOVANNI LO CASCIO, *Il concordato preventivo e le altre procedure di crisi*, 9ª ed., Giuffrè, Milano, 2015, p. 725 e ss..

[15] Com outra opinião, CATARINA SERRA, *Lições de direito da insolvência*, cit., p. 496.

menção à prova de que não existe situação de insolvência atual mostra que podem surgir tentativas de abuso na utilização do regime.

A grande vantagem do RERE parece ser a da confidencialidade, que deve ser mantida, em regra, durante a fase das negociações e bem assim quanto ao conteúdo do protocolo de negociação (art. 8º, 1). Essa confidencialidade mantém-se apesar do depósito do protocolo de negociação. No entanto, e se forem titulares de créditos sobre o devedor, a segurança social, a Autoridade Tributária e os trabalhadores devem ser informados de que o protocolo de negociação foi depositado e bem assim do seu conteúdo (art. 8º, 6[16]). A confidencialidade estende-se, também em regra, ao próprio acordo de reestruturação, como resulta agora do art. 21º e dentro dos limites aí expressos.

Ao contrário do que sucedia no projeto inicial, o RERE segue o que é a «ordem natural das coisas»: começa por tratar das negociações e só depois aborda o acordo de reestruturação. Essa distinção é importante para se perceber melhor o que se pretende com o RERE. De um lado, temos o período das negociações e os efeitos das negociações, do outro, surge o acordo de reestruturação e os seus efeitos.

Comecemos pelo período das negociações, sendo certo que se pode sujeitar um acordo de reestruturação que fique sujeito ao RERE sem que antes exista um protocolo de negociação, não sendo também necessário que este tenha ficado ao abrigo daquele regime.

2. O período das negociações

Como se lê no art. 2º, 1, o RERE só se aplica às negociações e ao acordo de reestruturação se existir manifestação unânime e expressa da vontade dos participantes» de os submeterem ao RERE. Resulta igualmente do art. 4º, 1, que as partes «são livres de sujeitar ao RERE os efeitos do acordo de reestruturação que alcancem, bem como os efeitos decorrentes das negociações»[17].

[16] O incumprimento desse dever conduz à nulidade do protocolo de negociação e de todos os atos a ele inerentes (art. 8º, 7). O art. 8º também contém limites à confidencialidade.

[17] O art. 3º, 5, prevê inclusivamente que os sócios do devedor sejam admitidos a intervir nas negociações e no acordo «na medida em que, em virtude da lei ou dos estatutos do devedor, seja necessária a sua intervenção ou consentimento». Sobre a possibilidade de adesão ao acordo, v. o art. 7º. Quanto à representação coletiva por agentes de financiamento e agentes de garantias, v. o art. 3º, 6.

Ou seja: o RERE não impede que haja negociações e acordos de reestruturação que não fiquem sujeitos ao RERE. As partes é que devem acordar nessa sujeição, com as consequências daí resultantes.

Mas atenção: para que as negociações fiquem sujeitas ao RERE é preciso que sejam percorridos determinados passos.

É necessário, antes de mais, que seja celebrado um protocolo de negociação. Esse protocolo de negociação deve ser assinado pelo devedor e por credores que representem pelo menos 15% do passivo não subordinado. E o protocolo de negociação deve ser depositado na Conservatória do Registo Comercial. Tudo isto resulta do art. 6º. É importante sublinhar desde já que o requisito relativo ao valor relativo do passivo representado deve ser atestado por «declaração de um contabilista certificado ou revisor oficial de contas emitida há 30 dias ou menos» (nº 4 do art. 6º).

3. Os efeitos do depósito do protocolo de negociação

3.1. Efeitos processuais do depósito do protocolo

A primeira grande utilidade de sujeitar ao RERE as próprias negociações para alcançar um acordo, na perspetiva do devedor, consiste em antecipar certos efeitos processuais: veja-se o art. 11º, 1.

Aí surge prevista a suspensão do processo de insolvência requerido contra o devedor por credor que participa no protocolo de negociação ou a este adere. O momento em que a suspensão do processo de insolvência se produz pode suscitar dúvidas: pode suscitar dúvidas a questão de saber se os efeitos processuais ali previstos só se produzem com o depósito do protocolo ou antes. Tendo em conta a inserção sistemática do preceito, que surge numa secção relativa aos efeitos do depósito, o art. 11º, 1, só se aplica com o depósito. E como a adesão ao protocolo deverá ser também depositada (art. 6º, 2), será com esse depósito que os efeitos se produzem quanto ao processo de insolvência requerida pelo aderente.

Mais complicada é a interpretação dos nºs 2 e 3 do art. 11º. No nº 2, determina-se a extinção, em regra, das ações executivas para pagamento de quantia certa instauradas contra a empresa e ou os respetivos garantes quanto às operações garantidas. Esta extinção ocorre se for celebrado acordo nos termos da presente lei. Fica pouco claro qual é o acordo que está em causa. O protocolo de negociação ou o acordo de reestruturação? É que o nº 2 do art. 11º também se integra na secção relativa aos efeitos do depósito do protocolo de negociação.

À primeira vista, o disposto no nº 2 do art. 11º teria em vista o acordo de reestruturação, e não o protocolo de negociação. Digo isto porque se trata ali da extinção de ações executivas. E fará pouco sentido que essa extinção das ações executivas ocorra com o depósito do protocolo de negociação se, depois, o encerramento das negociações faz cessar os efeitos previstos na secção II do capítulo II: é o que vemos escrito no art. 16º, 2. E o encerramento pode dar-se pelo depósito do acordo de reestruturação.

O problema é problema porque o art. 25º, 2, trata dos efeitos processuais do depósito do acordo de reestruturação. Esse depósito vai ter como consequência, em regra, a «imediata extinção dos processos judiciais declarativos, executivos ou de natureza cautelar, que respeitem a créditos incluídos no acordo de reestruturação».

Quanto às ações executivas para pagamento de quantia certa, elas não se extinguem duas vezes. Ou há renovação da instância para logo a seguir se extinguir outra vez? Será que o art. 25º, 2, trata da extinção de ações executivas que não abrangem as que se extinguem nos termos do art. 11º, 2?

Aliás, o problema volta a surgir porque o tal acordo celebrado «nos termos da presente lei» tem como consequência que se *mantêm*, também em regra, *suspensas* as ações destinadas a exigir o cumprimento de ações pecuniárias instauradas contra a empresa e ou os seus respetivos garantes quanto ás operações garantidas. Se é de manutenção da suspensão que se trata, então já havia antes uma suspensão, que se mantém agora. Não se mantém uma coisa que não havia. Mas de que suspensão se trata? Se estamos a falar do acordo de reestruturação, deverá ser uma suspensão que já virá de trás. Para Catarina Serra, estará em causa a suspensão que tenha sido acordada naquele protocolo[18]. E se olharmos para o art. 11º, 2, pensando que o acordo ali referido é o acordo de reestruturação, a referida autora terá razão.

Um outro aspeto merece ainda ser destacado. O art. 11º, 2, liga certos efeitos à celebração do acordo. Ainda que se trate do acordo de reestruturação, a celebração do acordo não se confunde com o depósito do mesmo[19]. Esta falta de harmonia entre os preceitos é criticável. Mas, se o art. 11º 2, dissesse respeito ao protocolo de negociação, seria evidente que os efei-

[18] CATARINA SERRA, *Lições de direito da insolvência*, cit., p. 506.

[19] Chamando a atenção para isso mesmo, CATARINA SERRA, *Lições de direito da insolvência*, cit., p. 506.

tos só se produziriam com o depósito tendo em conta a Secção em que o preceito se insere.

A verdade é que nos nºs 2 e 3 do art. 11º deveriam estar conteúdos totalmente diferentes dos que lá encontramos. No nº 2 deveria ler-se que, «celebrado o protocolo de negociação nos termos da presente lei, e salvo quando o mesmo preveja diversamente, suspendem-se automaticamente as ações executivas para pagamento de quantia certa, bem como as ações destinadas a exigir o cumprimento de obrigações pecuniárias, instauradas contra o devedor e ou os seus respetivos garantes relativamente às operações garantidas». Por sua vez, o nº 3 deveria ser alterado com a substituição de «acordo» por «protocolo de negociação».

O art. 11º, 2, é interessante também porque coloca de um lado as ações executivas para pagamento de quantia certa e as ações destinadas a exigir o cumprimento de obrigações pecuniárias (lê-se ações no texto). Poderíamos então pensar que umas e outras são realidades completamente distintas. Mas logo a seguir o nº 3 encarrega-se de reinstaurar a confusão: ali se faz referência a ações executivas para pagamento de quantia certa e a quaisquer outras ações destinadas a exigir o cumprimento de obrigações pecuniárias. Quaisquer outras significa que as ações executivas se integram também no segundo grupo. Assim, o nº 2 puxa para um lado, o nº 3 puxa para o outro.

3.2. Efeitos sobre os contratos em curso

Outra das grandes vantagens para o devedor da sujeição das negociações ao RERE é a que resulta do art. 12º: o depósito do protocolo de negociação impede os prestadores dos serviços essenciais ali mencionados de interromperem o fornecimento dos mesmos «por dívidas relativas a serviços prestados em momento anterior ao depósito» (nº 1). Essa proibição «dura pelo prazo máximo de três meses, exceto se os prestadores aí referidos forem parte do protocolo de negociação e acordarem prazo mais longo» (nº 3). Como se vê, esses prestadores de serviços essenciais não têm sequer que ser partes naquele protocolo. E não deixará de ser interessante verificar como é que um devedor que já não consegue pagar os serviços essenciais em causa pode, depois, ser reestruturado.

3.3. Efeitos sobre o devedor

O depósito do protocolo de negociação impede que, se o devedor ficar depois em situação de insolvência, a contagem do prazo de apresentação à insolvência comece a correr (art. 13º, 1)[20].

Além disso, de acordo com o que se lê no art. 9º, 1, o depósito do protocolo de negociação vai obrigar o devedor a «manter o curso normal do seu negócio e a não praticar atos de especial relevo», exceto se previstos no protocolo de negociação ou se autorizados pelos credores, diretamente ou através do comité de credores. E isto acaba por ser uma vantagem para os credores.

4. As negociações podem envolver muitas entidades

As negociações podem envolver um mediador de recuperação de empresas, um credor líder ou mais, um comité de credores, um assessor jurídico e/ou um assessor financeiro. A nomeação do mediador terá lugar nos termos da legislação respetiva.

Podem ainda intervir nas negociações (e no acordo de reestruturação) titulares de garantias sobre bens do devedor que não sejam credores do devedor (art. 3º, 5). Mas agora, só na medida do que seja necessário à prestação de consentimento relativo a alteração dos termos e condições da garantia.

Os beneficiários de garantias sobre bens do devedor podem, como grupo de beneficiários de garantias, ser representados coletivamente por um agente de garantias. E também os credores, agrupados, podem ser representados coletivamente por uma entidade que atue como agente de financiamento. Tudo isto pode ser lido no art. 3º, 7. Aparentemente, os trabalhadores terão que se fazer representar por organizações representativas dos trabalhadores.

Também podem intervir nas negociações (e no acordo de reestruturação) os sócios do devedor (art. 3º, 6). Estes, porém, na medida em que seja necessária a sua intervenção ou consentimento[21].

[20] Lembrando que o facto de não se «fazer depender a suspensão daquela obrigação da participação de uma percentagem significativa de credores» pode tornar o benefício «excessivo», Catarina Serra, *Lições de direito da insolvência*, cit., p. 509.

[21] Sobre os direitos dos sócios no quadro do RERE, Paulo Olavo Cunha, «Reestruturação de sociedades e direitos dos sócios», in Catarina Serra (coord.), *IV Congresso de Direito da Insolvência*, Almedina, Coimbra, 2017, p. 341 e ss..

O art. 14º, 3, tem uma redação que me parece criticável. Lê-se ali que no caso de serem credores do devedor ou mantenham com este acordo prestacional, a segurança social, a AT, os trabalhadores e as organizações representativas dos trabalhadores participam obrigatoriamente nas negociações, mesmo que não subscrevam o protocolo de negociação.

A participação obrigatória significa que não podem deixar de participar. Mais: que estão obrigados a participar. Mas tenho dúvidas que fosse esta a intenção da lei. Não se quereria antes dizer que lhes deve ser sempre permitida a participação? Até porque, no caso dos trabalhadores, não vejo como é que se pode considerar admissível, jurídico-constitucionalmente, essa obrigatoriedade.

5. O encerramento das negociações

As negociações encerram-se nos casos previstos no art. 16º. Chamo a atenção para dois casos:

a) os casos de encerramento por depósito do acordo de reestruturação; e

b) os casos de encerramento por decurso do prazo previsto no protocolo de negociação sem acordo de extensão ou no prazo máximo de três meses contados da data em que for requerido o depósito.

O art. 16º, 2, também estabelece uma coisa curiosa. É que o encerramento das negociações determina a cessação dos efeitos associados ao depósito do protocolo de negociação. E um desses efeitos parece ser a extinção das ações executivas para pagamento de quantia certa. O que significará, em termos processuais, a cessação da extinção das ações? Em particular, se não houve depósito de acordo de reestruturação? Renova-se a instância nas ações executivas mencionadas?

6. O acordo de reestruturação

O RERE tem em vista permitir que sejam alcançados acordos de reestruturação que permitam que a empresa sobreviva, no todo ou em parte (art. 2º, 2). Para garantir seriedade, o art. 19º, 2, *a)*, torna necessário que o acordo de reestruturação seja acompanhado de «declaração [...] emitida por um Revisor Oficial de Contas a atestar que, na data da celebração do acordo, a sociedade não se encontra em situação de insolvência [...] e a certificar o passivo total do devedor [...]».

O art. 27º, 3, também exige uma «declaração [...] emitida por revisor oficial de contas a certificar que o acordo de reestruturação compreende a reestruturação de créditos correspondentes a, pelo menos, 30% do total do passivo não subordinado do devedor e que, em virtude do acordo de reestruturação, a situação financeira da empresa fica mais equilibrada, por aumento da proporção do ativo sobre o passivo, e os capitais próprios do devedor são superiores ao capital social». Mas isso é assim apenas para os efeitos fiscais previstos no nº 1 do mesmo art. 27º.

Estes controlos são importantes porque o depósito do acordo de reestruturação terá os efeitos processuais previstos no art. 25º e, para além de outros efeitos, também impede a resolução em benefício da massa dos negócios referidos no art. 28º[22].

7. O conteúdo do acordo de reestruturação

O regime proposto confere grande liberdade na fixação do conteúdo do acordo de reestruturação (v. o art. 19º, 1). Porém, há que ter em atenção que, se for pretendida a posterior homologação, é preciso contar com as exigências previstas no art. 17º-I, do CIRE (cfr. o art. 29º do RERE). Nomeadamente, quanto à possibilidade de ser recusada a homologação com base nos arts. 215º e 216º do CIRE.

De qualquer modo, o recurso ao PER pode ser interessante porque o acordo de reestruturação sujeito ao RERE só afetará os direitos de crédito sobre o devedor e as garantias sobre os seus bens desde que os titulares daqueles créditos e garantias sejam parte do mesmo (art. 19º, 5). Já a decisão de homologação no PER «vincula a empresa e os credores, mesmo que não hajam reclamado os seus créditos [...]» (art. 17º, F, 10, do CIRE).

8. A proteção de alguns negócios perante a resolução em benefício da massa

O art. 28º do RERE protege alguns negócios expressamente previstos no acordo de reestruturação (ou no protocolo de negociação que o preceder) relativamente à possibilidade de resolução em benefício da massa quando o devedor tenha sido posteriormente declarado insolvente. A proteção abrange os negócios jurídicos «que hajam compreendido a efetiva disponi-

[22] Nas alterações ao CIRE em discussão, surge também uma nova redação para o art. 120º, 6, do referido Código.

bilização ao devedor de novos créditos pecuniários, incluindo sob a forma de deferimento de pagamento, e a constituição, por este, de garantias respeitantes a tais créditos pecuniários» (nº 1).

9. O incumprimento do acordo de reestruturação

Quero ainda deixar uma palavra relativa ao incumprimento do acordo de reestruturação. O art. 30º do RERE estabelece, no seu nº 1, que o incumprimento de alguma das obrigações previstas naquele acordo não determina a invalidade das demais obrigações. A utilização do termo invalidade parece-me infeliz. Não parece que o incumprimento de uma obrigação pudesse conduzir à nulidade ou anulabilidade superveniente das demais. As causas de nulidade ou anulabilidade devem verificar-se no momento em que o negócio é celebrado. É bom manter essa tradição.

Por outro lado, o art. 30º, 2, *a)*, permite que o incumprimento leve a parte afetada a resolver o acordo de reestruturação. Presumo que será apenas em relação a essa mesma parte, mas a questão poderia ter sido esclarecida.

O regime de conversão de créditos em capital[23]

1. Nota prévia

Já se escreveu que, hoje em dia, o direito da insolvência tem como questão central a sua articulação com o direito das sociedades[24]. A utilização do direito da insolvência ou da recuperação de empresas para prosseguir estratégias relacionadas com a vida interna da sociedade foi identificada em vários casos. Daí que o novo regime de conversão de créditos em capital (*debt for equity swap*[25]) deva ser olhado com especial cuidado. É o que procuraremos fazer a seguir com algum desenvolvimento, justificado pelo interesse prático do regime.

[23] Tratei do regime de conversão de créditos em capital numa conferência proferida no Auditório da Torre do Tombo, em Lisboa, no dia 22.2.2018, no âmbito do Colóquio «As recentes alterações legislativas em matéria de insolvência e recuperação de empresas», organizado pelo Conselho Regional de Lisboa da Ordem dos Advogados. A intervenção foi então preparada com base no texto do Decreto que foi enviado para promulgação e que estava disponível na página da Assembleia da República. Foi, entretanto, publicado como Lei 7/2018, de 2 de março.

[24] Andrés Recalde, «Protección del socio com ocasión en los câmbios de control en la sociedad deudora realizados en ejecución de acuerdos de refinanciación mediante conversión de créditos en capital», in Alberto Díaz Moreno/Francisco José León Sanz (dir.), *Acuerdos de refinanciación, convenio y reestructuración. Las Reformas de 2014 y 2015 de la Ley Concursal*, Thomson Reuters/Aranzadi, cizur Menor, 2015, p. 292.

[25] O *debt for equity swap* ou *debt-equity-swap* (DES) pode ser utilizado fora do regime aprovado pela Lei 7/2018. São também usados o DES em sentido impróprio (são transmitidas participações para o credor, que depois renuncia aos créditos) e o *reverse-debt-equity-swap* (designadamente, com recurso a uma New-Co): sobre isto, v. Christoph Thole, *Gesellschaftsrechtliche Maßnahmen in der Insolvenz*, RWS, Köln, 2015, p. 95.

As vantagens que a conversão de créditos em capital pode ter para a sociedade são consideráveis[26]: o valor da dívida é reduzido e o valor do capital social aumenta[27]; reduzindo-se a dívida, os juros a pagar poderão diminuir de valor; se os créditos convertidos beneficiavam de garantias prestadas pela sociedade, os objetos de tais garantias poderão ser utilizados para obter novos financiamentos e liquidez; o *rating* da sociedade pode melhorar; quem converte créditos em capital social pode querer o melhor para a sociedade...

Mas, por outro lado, quem pretende converter os créditos em capital pode ter-se tornado credor para adquirir a titularidade de participações sociais (*loan to own*)[28] que, subsequentemente, lhe permitam realizar o chamado *asset stripping* em prejuízo da sociedade participada. Para isso, poderá tentar que sejam efetuadas reduções do capital social, aquisições de ações ou quotas próprias, restituições de reservas, distribuições de lucros que impeçam o necessário autofinanciamento, vendas de «jóias da coroa», amortizações de ações, etc., etc.[29]. Estas estratégias podem ser seguidas após a aquisição de créditos por uma entidade que concentra direitos até aí dispersos por várias mãos. Quanto menor for o desconto realizado na alienação dos créditos, maior será a possibilidade de o novo credor não estar disponível para aceitar muitas das medidas de recuperação que venham a ser propostas. Pelo contrário, quanto maior for o desconto, maior será a probabilidade de o adquirente se manifestar mais flexível no futuro[30]. Quem cede os créditos pode ter aí um papel importante a desempenhar quando procede à escolha do adquirente. Certo é que muitas vezes o cedente tem mesmo que se livrar desses créditos por motivos regulatórios[31]. Outras vezes, pretende obter eventuais vantagens fiscais[32].

[26] V., sobre isto, HELGE PÜHL, *Der Debt Equity Swap im Insolvenzplanverfahren*, RWS, Köln, 2016, p. 5.

[27] Sobre as vantagens na relação capitais alheios/capitais próprios, ROBERT BUCHALIK (her.), *Sanieren statt Liquidieren*, NWB, Herne, 2012, p. 208.

[28] HELGE PÜHL, *Der Debt Equity Swap im Insolvenzplanverfahren*, cit., p. 8 e s.

[29] Para uma panorâmica no âmbito da atuação dos *hedge funds*, v. ALEXANDRE DE SOVERAL MARTINS, «DGFIA, hedge funds e governação das sociedades anónimas», DSR, out. 2017, 9, 18, p. 121-154.

[30] HELGE PÜHL, *Der Debt Equity Swap im Insolvenzplanverfahren*, cit., p. 10.

[31] Lembrando isso mesmo, HELGE PÜHL, *Der Debt Equity Swap im Insolvenzplanverfahren*, cit., p. 7.

[32] HELGE PÜHL, *Der Debt Equity Swap im Insolvenzplanverfahren*, RWS, Köln, 2016, p. 7.

No que diz respeito ao credor[33], a conversão de créditos em capital pode permitir-lhe participar na melhoria subsequente da situação da sociedade[34], designadamente através de dividendos distribuídos, bem como nas vantagens do eventual controlo que adquira. E se o credor primitivo não pretende converter os seus créditos em capital, a possibilidade de fazer a conversão pode criar um mercado para os créditos[35]. Os credores que sejam sociedades do mesmo grupo que o devedor integra podem usar a conversão para se conseguir uma reorganização do próprio grupo. Porém, não se pode esquecer que existe o perigo de o credor que converte os créditos em capital ter o seu risco de sócio coberto e adotar estratégias que sejam contrárias à recuperação do devedor, assim ganhando noutros campos. Além disso, quem converte créditos em capital vê desaparecerem as eventuais garantias de cumprimento daqueles créditos[36] e passa a ficar sob a ameaça de perda do valor da participação[37]. Acresce que a conversão de créditos em capital significará uma certa transferência de valor para os credores que não alinham na conversão: o risco do seu crédito irá provavelmente diminuir...[38]

Quanto aos restantes sócios da devedora, podem ver a sua posição diluída se a conversão tem lugar e não exercem o direito de preferência previsto na lei. Mas, por outro lado, essa pode ser a forma de garantir um futuro à sociedade[39].

2. Os pressupostos

O regime de conversão de créditos em capital apenas diz respeito a créditos sobre sociedades comerciais ou que tenham forma comercial, e em ambos

[33] V. Helge Pühl, *Der Debt Equity Swap im Insolvenzplanverfahren*, cit., p. 5 e s.

[34] Robert Buchalik (her.), *Sanieren statt Liquidieren*, cit., p. 208.

[35] V., sobre um «liquiden Markt für *distressed debt*», Helge Pühl, *Der Debt Equity Swap im Insolvenzplanverfahren*, cit., p. 6 e s. (a p. 281, refere-se ao *claims trading* nos EUA).

[36] Mas v., lembrando o que pode ser estabelecido no contrato de sociedade para proteger os sócios que converteram os créditos em capital, Harald Hess, «Kapitel 31. Die Unternehmenssanierung nach tem ESUG», in Harald Hess (her.), *Sanierungshandbuch*, Luchterhand/Wolters Kluwer, Köln, 2013, p. 1126.

[37] Esther Hernández Sainz, «La capitalización de deuda como instrumento preconcursal preventivo o paliativo de la insolvencia y los acuerdos de refinanciación», in José Antonio García-Cruces (dir.), *Los acuerdos de refinanciación y de reestructuración de la empresa en crisis*, Bosch, Barcelona, 2013, p. 330. .

[38] Helge Pühl, *Der Debt Equity Swap im Insolvenzplanverfahren*, cit., p. 15.

[39] Helge Pühl, *Der Debt Equity Swap im Insolvenzplanverfahren*, cit., p. 14.

os casos desde que tenham sede em Portugal (sede principal e efetiva da administração ou sede estatutária? A questão deveria ter sido esclarecida). Há certas entidades e créditos excluídos. O regime só é aplicável quando estejam em causa créditos sobre sociedades cujo volume de negócios seja igual ou superior a um milhão de euros (art. 2º, 4).

A conversão de créditos em capital é uma possibilidade conhecida. Agora, do que se trata é da conversão de créditos em capital por iniciativa dos credores fora de um processo judicial. Para que o regime seja aplicável é necessário que estejam cumpridos determinados pressupostos. Desde logo, quanto aos credores e quanto à sociedade.

É necessário que os credores que propõem a conversão sejam titulares de créditos que constituam, pelo menos, dois terços do total do passivo da sociedade[40] e a maioria dos créditos não subordinados (art. 3º, 3). No entanto, *aqueles dois terços não têm de corresponder na totalidade a créditos em mora*. Também não é dito que têm de ser créditos certos, líquidos, exigíveis. E isto é de sublinhar. Ou seja: os credores que propõem a conversão têm de ser titulares de créditos que constituam, pelo menos, dois terços do total do passivo da sociedade e a maioria dos créditos não subordinados. Mas os titulares desses créditos que propõem a conversão não têm de ser ao mesmo tempo os credores titulares de créditos em mora que tornam possível a conversão.

Os credores proponentes podem ser sócios[41]. Não só a lei não distingue, como dá indicação expressa naquele sentido: O art. 3º, 2, remete para o art. 48º do CIRE, que na sua al. *a)* faz menção aos créditos detidos por pessoas especialmente relacionadas com o devedor. Se lermos em seguida o art. 49º, 2, do mesmo Código, vemos que é ali feita referência, designadamente, a sócios que respondam legalmente pelas dívidas do devedor pessoa coletiva.

Os credores sócios que sejam credores por suprimentos realizados devem ter em conta que esses créditos, são considerados subordinados (art. 48º, *g)*, do CIRE). E o art. 3º, 8, *c)*, faz referência a uma proposta de

[40] Não se contabilizando nesse passivo os créditos referidos no art. 2º, 3.

[41] Aparentemente contra, Rui Pinto Duarte, «A conversão em capital de suprimentos e de outros créditos – Notas sobre o Dec.-Lei 79/2017, de 30 de junho, e sobre um projeto legislativo relativo à conversão de créditos de terceiros em capital social», in Catarina Serra (coord.), *V Congresso de Direito da Insolvência*, Almedina, Coimbra, 2017, p. 331. A favor, Catarina Serra, *Lições de direito da insolvência*, cit., p. 531.

conversão de créditos não subordinados. Contudo, não se pode esquecer que a «sociedade pode acordar modificações à proposta com os credores» (art. 4º, 2) e que no processo de suprimento judicial qualquer credor pode relacionar os seus créditos e referir se pretende convertê-los em capital, nos termos do art. 5º, 3.

Também é necessário que estejam preenchidos determinados pressupostos quanto à sociedade: como se retira do art. 3º, 1, *a)*, esta deve ter um capital próprio inferior ao capital social (sendo o valor do capital próprio, para este efeito, o que resultar das contas de exercício ou das contas intercalares elaboradas pelo órgão de administração e aprovadas há mais de três meses). Eu diria: basta que o capital próprio seja inferior ao capital social. Tal não significa uma situação de insolvência atual, pois o capital próprio pode ser inferior ao capital social, mas o passivo não ser manifestamente superior ao ativo. Isto, evidentemente, quanto às entidades abrangidas pelo art. 3º, 2, do CIRE.

É ainda preciso que se verifique uma de duas coisas quanto aos créditos: que se encontram em «mora, superior a 90 dias», créditos não subordinados sobre a sociedade que representem valor superior a 10% do total de créditos não subordinados (e eu acrescentaria: *apenas* valor superior a 10% do total desses créditos); ou, caso estejam em causa prestações de reembolso parcial de capital ou juros, desde que estas respeitem a créditos não subordinados de valor superior a 25% do total de créditos não subordinados (aparentemente, desde que aquelas prestações também estejam «em mora superior a 90 dias»): cfr. o art. 3º, 1, *b)*. De qualquer modo, 25% parece pouco mais uma vez. A mora em causa não equivale necessariamente a uma situação de insolvência, atual ou iminente. E não é totalmente claro a que se refere a lei com a expressão «mora»[42]. Desconheço se existe alguma razão objetiva, algum estudo, que fundamente estas percentagens tão baixas atendendo à gravidade do regime.

A palavra «mora» parece usada em sentido estrito[43]. A proposta apresentada pelos credores deve ser acompanhada de relatório de um ROC

[42] V., sobre isto, Rui Pinto Duarte, «A conversão em capital social de suprimentos e de outros créditos – Notas sobre o Dec.-Lei 79/2017, de 30 de junho, e sobre um projeto legislativo relativo à conversão de créditos de terceiros em capital social», in Catarina Serra (coord.), *IV Congresso de Direito da Insolvência*, Almedina, Coimbra, 2017, p. 338.

[43] Questionando o sentido da palavra, Rui Pinto Duarte, «A conversão em capital social de suprimentos e de outros créditos – Notas sobre o Dec.-Lei 79/2017, de 30 de junho, e sobre um

que demonstre a verificação dos requisitos estabelecidos no nº 1 do art. 3º e de documento com as propostas de alteração do capital social, «aplicando-se o disposto no artigo 28º do Código das Sociedades Comerciais». Esta remissão indica que será de exigir o relatório do ROC com a avaliação das entradas em espécie[44]. E o documento que contém as propostas de alteração do capital social da sociedade deve conter a «fundamentação do rácio de conversão do crédito em capital» (art. 3º, 8, *c*)). A qualificação dos créditos será, certamente, importante no que diz respeito à avaliação a fazer. Nomeadamente, no caso de conversão de créditos subordinados...

Uma nota ainda só para acrescentar que pode ser discutido se, no caso da conversão de créditos em capital, estamos perante verdadeiras entradas em espécie[45] ou, pelo menos, perante entradas em espécie que devam carecer da avaliação por um ROC. Quando a entrada tem lugar com um imóvel ou uma máquina, justifica-se proceder à referida avaliação para que se possa confiar que no património da sociedade entra um bem que tem um certo valor atribuído e que poderá servir para pagar aos credores. No caso da conversão de créditos em capital os restantes credores da sociedade não ficam melhor nem pior depois da conversão. Nada entrou de novo no património da sociedade.

projeto legislativo relativo à conversão de créditos de terceiros em capital social», cit., p 338.

[44] No caso da conversão de suprimentos de sócios de sociedades por quotas em capital, o art. 87º, 4, do CSC estabelece um regime relativo aos «suprimentos registados no último balanço aprovado de que seja titular». Para Rui Pinto Duarte, «A conversão em capital de suprimentos e de outros créditos – Notas sobre o Dec.-Lei 79/2017, de 30 de junho, e sobre um projeto legislativo relativo à conversão de créditos de terceiros em capital social», in Catarina Serra (coord.), *V Congresso de Direito da Insolvência*, Almedina, Coimbra, 2017, p. 324, considera que o «legislador optou por perfilhar para estes efeitos um critério puramente formal, deixando de lado o substancialismo do art. 243: serão elegíveis para aumentos de capital ao abrigo das novas regras todos os créditos registados como suprimentos no último balanço aprovado, independentemente de terem o caráter de permanência exigido pelo art. 243». No mesmo sentido vai Catarina Serra, *Lições de direito da insolvência*, cit., p. 528. Julgamos, porém, que é outra a melhor leitura do preceito em causa. Com efeito, os suprimentos que a lei tem em conta ali são os registados no último balanço aprovado. Mas isso não significa um aligeiramento das exigências: os suprimentos não só têm de ser suprimentos, como também só podem ser os «registados no último balanço aprovado» de que o sócio seja titular. Com isto aumenta-se o controlo: o regime aplica-se a esses suprimentos «registados no último balanço aprovado», e não a quaisquer «suprimentos» inventados à última hora.

[45] Sobre a discussão, Helge Pühl, *Der Debt Equity Swap im Insolvenzplanverfahren*, cit., p. 357 e ss..

3. A proposta dos credores e alguns aspetos relativos ao seu conteúdo. A deliberação dos sócios

A proposta de conversão dos créditos em capital apresentada à sociedade deve conter a proposta de alteração do capital social, indicando o montante do aumento a subscrever pelos credores proponentes mediante a conversão de créditos não subordinados de que sejam titulares em participações sociais (art. 3º, 8, *c)*). Assim, parece que não está prevista, nesta fase, a proposta de conversão de créditos subordinados.

A proposta pode dizer respeito a uma operação acordeão: pode dizer respeito a uma prévia operação de redução do capital social para cobertura de prejuízos, seguida de aumento de capital social. A redução poderá ser para zero ou para montante inferior ao mínimo legal exigido para o tipo de sociedade em causa. Porém, só será possível propor a redução a zero do capital social «se for de presumir que, em liquidação integral do património da sociedade, não subsistiria qualquer remanescente a distribuir pelos sócios».

O art. 3º, 10, faz ainda menção à possibilidade de a proposta prever a transformação da sociedade noutra de tipo distinto e a exclusão de todos os sócios «desde que as participações sejam destituídas de qualquer valor». Mais uma vez, estará em causa uma proposta apresentada à sociedade.

Mas parece estranho (muito estranho) que se proponha à sociedade a exclusão de todos os sócios. Tanto mais que o art. 4º faz presumir que a proposta apresentada à sociedade se destina a obter deliberações dos sócios desta. Seria, então, uma proposta para que todos os sócios deliberassem excluir-se a todos. E isto sem discriminação de qualquer tipo de sociedade.

Alguém espera que os sócios deliberem excluir-se a todos? Ou a solução apresentada é dirigida a obter a recusa da proposta, assim se abrindo as portas ao suprimento judicial?

Poderá pensar-se que a transformação e a exclusão de «todos» os sócios que constem da proposta terão lugar só após o aumento de capital. E, nesse caso, só se o aumento de capital der aos credores que participam no aumento a maioria necessária para que deliberem aquela transformação e exclusão é que as mesmas poderiam ter lugar. Mesmo assim, não vejo os sócios a aceitarem essa proposta. A menos que a exclusão seja bem paga e isso permita um qualquer tratamento fiscal mais vantajoso.

A conversão de créditos em capital não é decidida pelos credores, enquanto tais, mas sim pelos sócios da sociedade. A estes cabe deliberar sobre o aumento de capital proposto ou a eventual operação acordeão, bem como sobre a proposta de transformação ou exclusão de todos os sócios (?).

Embora o art. 4º, 1, apenas contenha referência à convocação de assembleia geral da sociedade para «aprovar ou recusar as deliberações», não parece que se deva excluir o recurso às outras formas de tomada de deliberações dos sócios previstas para o tipo em causa.

Os sócios deliberam, mas não parece estar excluída a possibilidade de os sócios serem também credores proponentes. Com efeito, o art. 48º do CIRE considera créditos subordinados os detidos por pessoas especialmente relacionadas com o devedor («desde que a relação especial existisse já aquando da respetiva aquisição, e por aqueles a quem eles tenham sido transmitidos nos dois anos anteriores ao início do processo de insolvência»: al. *a*)), bem como os créditos por suprimentos.

Porém, no que diz respeito aos sócios de sociedade comercial enquanto tais, o art. 49º, 2, considera pessoas especialmente relacionadas com o devedor os que «respondam legalmente pelas suas dívidas, e as pessoas que tenham tido esse estatuto nos dois anos anteriores ao início do processo de insolvência» (al. *a*)) e as pessoas que «tenham estado com a sociedade insolvente em relação de domínio ou de grupo, nos termos do artigo 21º do Código dos Valores Mobiliários, em período situado dentro dos dois anos anteriores ao início do processo de insolvência». Logo, poderemos ter sócios que apareçam também a propor a conversão e que encontram nisso razão para não serem credores por suprimentos.

A sociedade pode acordar com os credores proponentes modificações à proposta. Nesse caso, tais modificações devem ser «facultadas aos sócios com a antecedência correspondente ao prazo legal ou contratual de convocação da assembleia geral da sociedade» (art. 4º, 2). E em que termos? A lei não diz. Deverá ser respeitado o regime da convocação da assembleia geral? Ou o da disponibilização de outros documentos aos sócios antes da assembleia? Inclinamo-nos para esta segunda solução.

A conversão pode suscitar dúvidas acerca da aplicação da derrogação do dever de lançar OPA quando aquela tem lugar numa sociedade sócia de sociedade aberta. É que a conversão pode levar a que sejam ultrapassados os limites que desencadeiam aquele dever e o art. 189º. 1, *b*), do CVM não é claro.

4. O direito de «preferência» no aumento de capital

O art. 3º, 12, confere aos sócios da sociedade um direito de «preferência» (ou de subscrição preferencial) no aumento de capital. Trata-se de uma solução que supera as dificuldades que existiriam pelo facto de os arts. 260º, 1, e 458º, 1, do CSC apenas conterem a referência a um direito de subscrição preferencial no caso de aumento de capital por entradas em dinheiro. Se exercerem aquele direito, o aumento deve ser realizado em dinheiro. Com o regime mencionado os sócios podem evitar a diluição do valor das suas participações. Além disso, atenua-se a possibilidade de invocação de inconstitucionalidade do regime.

As novas entradas realizadas pelos sócios devem ser aplicadas na amortização dos créditos que seriam convertidos em capital. Esses credores ficam, assim, claramente beneficiados. Isto coloca sérias dificuldades quando se pensa que o devedor pode vir a ser declarado insolvente, com os correspondentes efeitos. Na verdade, o art. 7º não permite resolver todos os problemas. Bem pelo contrário. Na atual nova redação do art. 120º, 6, do CIRE não surge expressa referência aos acordos de conversão de créditos em capital ou aos processos de suprimento judicial relativos àqueles.

O direito de preferência vem mencionado no art. 3º. Mas parece estar pensado para os casos em que é deliberado o aumento de capital. Embora o nº 12 estabeleça que os sócios gozam sempre de preferência no aumento de capital (sublinho o *sempre*), a verdade é que nada vem previsto quanto a isso no art. 5º, que trata do suprimento judicial. Se os sócios têm sempre direito de preferência no aumento de capital, podem exercê-lo no processo de suprimento judicial? Como? Aplicando por analogia alguns preceitos do CPC?

Mas não é só nesses casos que o regime é omisso. Com efeito, também nada se estabelece quanto ao modo de exercer o direito de «preferência» fora do processo de suprimento judicial. Terá que se recorrer ao CSC, na medida em que seja aplicável.

Se o direito de preferência pode ser sempre exercido no aumento de capital, então também o pode ser nos casos em que, previamente, houve redução do capital a zero, nos termos do disposto no art. 3º, 8, *c)*.

5. O «suprimento» judicial

O art. 5º visará permitir o suprimento judicial no caso de recusa da proposta apresentada pelos credores, no caso de não se realizar a assembleia geral, ou ainda no caso de a proposta não ser adotada ou de as deliberações não serem executadas no prazo de 90 dias a contar da receção da proposta (v. o art. 4º, 1).

O art. 5º, 6, faz antes referência à homologação da proposta apresentada pelos credores. O suprimento traduz-se, assim, numa homologação. As diferenças em relação aos processos especiais de suprimento previstos nos arts. 1000º e ss. do CPC são óbvias.

O processo de suprimento judicial da deliberação social depende de requerimento pelos credores que apresentaram a proposta de alteração do capital social. Esse requerimento deve ser acompanhado dos documentos previstos no art. 5º, 1, e, uma vez recebidos estes, o juiz nomeia um administrador judicial provisório. Entre os documentos mencionados inclui-se uma lista dos credores conhecidos para além dos proponentes.

A secretaria deve notificar esses outros credores. Os credores («qualquer credor») podem apresentar «relação» dos seus créditos e referir se pretendem também converter os seus créditos em capital. Note-se que, sendo isso possível para qualquer credor, também os que não têm créditos em mora ou os credores com créditos subordinados podem pretender essa conversão. No art. 5º, 3, pode ler-se que, em caso de recurso ao suprimento judicial, «qualquer credor dispõe de 20 dias [...] para relacionar os seus créditos e para referir se pretende igualmente converter os seus créditos em capital [...]». Se é qualquer credor que pode vir relacionar os créditos, pode também obter a conversão de créditos subordinados? Parece que sim.

A homologação pode dizer respeito à redução do capital, ao aumento de capital, à modificação dos estatutos, à transformação e à exclusão dos sócios (cfr. o art. 5º, 8). Não é, porém, claro se a homologação tem necessariamente que dizer respeito a todas essas propostas, quando existam, mas julgamos que nada obsta a uma homologação apenas de parte das propostas. E será possível não haver homologação da proposta de aumento de capital por conversão de créditos e haver homologação de outra ou outras propostas? Diria que não, atendendo à finalidade expressa do regime (a conversão de créditos em capital).

A necessidade de ter em conta a Diretiva Codificadora 2017/1132 relativamente às sociedades anónimas permite colocar muitas dúvidas quanto ao acerto da solução no que diz respeito àquele tipo de sociedades. Embora, naturalmente, seja de esperar já uma alteração àquela Diretiva.

O que é sobretudo muito estranho é o facto de, estando prevista uma fase de relacionamento dos créditos (uso a expressão da lei), ser então possível a qualquer credor (friso, a qualquer credor) apresentar a sua relação. E pode qualquer credor (friso, qualquer credor) referir se pretende converter os seus créditos em capital. Note-se que, agora, nem sequer surge exigido que sejam créditos não subordinados. Nem se exige expressamente que a pretensão desse qualquer credor seja acompanhada da avaliação do ROC quanto às entradas em espécie.

Assim, um processo que se inicia com uma proposta de conversão num momento em que os créditos em mora são ainda de montante relativamente reduzido pode permitir que credores cujos créditos nem sequer estão necessariamente em mora façam uma verdadeira escalada dentro da sociedade, tomando-a de assalto. Vão surgir verdadeiros corsários.

Esses credores podem apresentar uma proposta à sociedade que seja inaceitável só para depois poderem iniciar o processo de suprimento judicial. E nesse processo o juiz apenas terá de verificar se estão preenchidos os requisitos previstos na lei.

A possibilidade de impugnação da lista provisória de créditos prevista na lei deve ser admitida com grande generosidade, mas isso não chegará, julgo, para afastar a inconstitucionalidade do regime por violação do direito ao processo equitativo (art. 20º, 4, da CRP)[46]. A própria tutela constitucional do direito de propriedade privada (art. 62º da CRP) pode estar em causa. Especialmente, se não existir possibilidade de exercer o direito de preferência no âmbito do processo de suprimento judicial.

6. Aquisição subsequente do capital

O art. 6º permite que, transitada em julgado a sentença homologatória e adquiridos ou pagos os créditos remanescentes detidos pelos credores proponentes, os sócios, no prazo de 30 dias, adquiram ou façam adquirir por terceiro por si indicado «o capital» da sociedade resultante da alteração, aquisição essa que deve ter lugar pelo valor nominal.

[46] José Ferreira Gomes/Catarina Monteiro Pires, em «Resposta à consulta pública relativa ao projeto de proposta de lei que aprova o Regime Jurídico de Conversão de Créditos em Capital», RDS, 2017, 1, p. 150, escreviam: «o processo projetado não pode deixar de garantir a participação efetiva das partes envolvidas, mediante a possibilidade de, em plena igualdade, influírem na decisão do tribunal sobre a homologação da proposta apresentada».

Para além de não parecer que a terminologia usada seja a preferível (aquisição do «capital»), será interessante, no caso de ter havido exclusão de todos os sócios, ver os mesmos a adquirir novamente as participações na sociedade.

7. A declaração de insolvência da sociedade

O art. 7º, 1, enumera novos efeitos da declaração de insolvência da sociedade. Na hipótese prevista na al. *b)* é claro que se trata da declaração de insolvência que tem lugar na pendência de processo de suprimento judicial previsto no art. 5º.

Mas, se olharmos agora para a al. *a)*, já tudo se torna mais confuso. Essa al. *a)* estabelece que a declaração de insolvência tem como efeitos, consoante os casos, a *caducidade da proposta* apresentada pelos credores ou dos *efeitos da deliberação* dos sócios. Estão ali em causa que situações? Aquelas em que a declaração de insolvência teve lugar *antes da total execução das deliberações* sobre a proposta? Os casos em que *todas as deliberações necessárias foram tomadas e executadas*? *Até que momento* se pode dizer que os «efeitos da deliberação prevista no artigo 4º» caducam?

8. Os processos de insolvência pendentes

No que diz respeito aos processos de insolvência pendentes, há que distinguir entre aqueles em que já foi declarada a insolvência do devedor e aqueles em que isso não aconteceu. Mas, por outro lado, é preciso verificar se as alterações ao capital social por conversão de créditos já foram registadas ou não.

Se foi declarada a insolvência do devedor, isso tem como consequência a caducidade da proposta prevista no art. 3º ou, sendo o caso, caducam os efeitos da deliberação prevista no art. 4º (que poderá ter sido no sentido do aumento do capital por conversão de créditos)[47].

Se, pelo contrário, tem lugar o registo das alterações ao capital social «nos termos da presente lei» sem ter havido ainda declaração de insolvência da sociedade, esta última deve comunicar as alterações e o registo a qualquer processo de insolvência que se encontre pendente. Não tendo

[47] Questionando a solução, por achar que alguma coisa poderia ser aproveitada no processo de insolvência se este «desembocar num plano de recuperação da empresa», Catarina Serra, *Lições de direito da insolvência*, cit., p. 534.

ainda sido declarada a insolvência, está previsto que a referida comunicação conduza à extinção da instância nos referidos processos de insolvência.

Esta solução suscita dúvidas, uma vez que as alterações ao capital social não conduzem necessariamente ao afastamento da situação de insolvência. É que o devedor pode continuar impossibilitado de cumprir as suas obrigações vencidas. Mesmo que o capital próprio fique superior ao capital social à data da proposta, como é exigido pelo art. 3º, 11. Desde logo, porque entre a data da proposta e o registo das alterações ao capital social muita coisa pode acontecer. E a conversão de créditos em capital não faz entrar dinheiro fresco. Mas, por outro lado, a comparação é feita entre o valor do capital próprio após o aumento e o valor do capital social *à data da proposta* (e não o valor do capital social resultante do aumento).

9. Apreciação geral

O Regime Extrajudicial de Recuperação de Empresas constitui um instrumento adicional para que se tente evitar a destruição de unidades produtivas, e isso é de saudar.

Já o regime de conversão de créditos em capital parece-nos claramente excessivo. A sociedade não foi sequer declarada insolvente. Se a proposta dos credores incluir a exclusão de todos os sócios, bastando para isso que as partes sociais sejam destituídas de qualquer valor, o juiz poderá depois homologar a proposta. E isto sem ter em conta a situação e atuação concretas do sócio. Pelo menos aqui, trata-se de uma solução desproporcionada e violadora da proibição do excesso.

Por outro lado, não posso deixar de expressar a minha preocupação acerca das eventuais estratégias que possam ser montadas para tomar o poder dentro da sociedade devedora. Se era comum dizer-se que quem deve 100 tem um problema, mas se alguém deve 100 milhões o problema é dos credores, agora, isso deixou de ser sempre assim. Não havendo limites quanto à possibilidade de cessão de créditos, aquela escalada pode surgir como algo totalmente inesperado. Podem ser criadas instituições para que se cedem os créditos com esse objetivo.

As instâncias internacionais comparam as leis dos diversos países e daí extraem conclusões. Desde logo, do ponto de vista da capacidade dos sistemas para alcançarem soluções «economicamente eficientes». Por todo o lado as escolhas dos legisladores são muitas vezes influenciadas por razões não estritamente «jurídicas». Mas a lógica da eficiência não pode afastar valores fundamentais. Esse não pode ser o caminho.

O Regulamento (UE) 2015/848 relativo aos processos de insolvência[48]

1. Introdução. As razões para um novo Regulamento

O Regulamento (UE) 2015/848 do Parlamento Europeu e do Conselho de 20 de maio de 2015 relativo aos processos de insolvência (novo regulamento ou NR), foi publicado em 5.6.2015, e, salvo algumas exceções, é aplicável a partir de 26 de junho de 2017[49]. Trata-se de um Regulamento que tem especial importância para as insolvências transfronteiriças no espaço da UE, vindo substituir o Regulamento CE 1346/2000 de 29 de maio (velho regulamento ou VR)[50].

O NR é mais extenso do que o VR: tem quase o dobro dos artigos e mais do dobro de Considerandos[51]. A Dinamarca fez *opt-out* (Considerando (88)) e não é Estado-Membro para efeitos do NR[52] (como já não o era para o

[48] O presente texto constitui um desenvolvimento de um outro que elaborei sobre o mesmo tema e que se destina aos Estudos em Homenagem ao Professor Doutor Manuel Costa Andrade.

[49] V., porém, o art. 92º e as exceções aí contidas. O projeto de alteração do CIRE prende alterar o respetivo art. 275º, adaptando-o ao NR. Também está prevista a revogação do Título XIV do CIRE («Execução do Regulamento (CE) nº 1346/2000, do Conselho, de 29 de maio»).

[50] A História não terminou. A UNCITRAL elaborou um documento intitulado «Draft legislative provisions on facilitating the cross-border insolvency of multinational enterprise groups», publicado em 2017.

[51] O NR tem 92 artigos, enquanto o VR tinha 47 artigos. O NR tem 89 Considerandos, enquanto o VR tinha 33 Considerandos. Os Considerandos não terão força normativa, mas auxiliam o intérprete. Entretanto, o Regulamento (UE) 2017/353 substituíu os anexos A e B. Foi também publicado o Regulamento de Execução (UE) 2017/1105, estabelecendo os formulários referidos no NR.

[52] Ehret, «EuInsVO 2017 Art. 1 Anwendungsbereich», in Braun, *Insolvenzordnung*, 7. Aufl., Beck (Beck-online), Rn. 23.

VR). O Título XIV do CIRE tinha por epígrafe «Execução do Regulamento (CE) 1346/2000 do Conselho de 29 de maio» e foi revogado pelo DL 79/2017.

As razões para as alterações agora introduzidas[53] podem ser facilmente apreendidas lendo a Proposta de Regulamento da Comissão COM(2012) 744 final. Quanto ao âmbito de aplicação, é destacado que o VR não abrangia muitos processos pré-insolvenciais de reestruturação de sociedades – embora o PER fosse abrangido no Anexo do VR –, e também não abrangia muitos processos em que a administração se mantinha em exercício, assim como alguns processos relativos a pessoas singulares. Para além disso, a aplicação prática do conceito de Centro dos Interesses Principais (CIP) mostrou que é possível o *forum shopping* através da transferência daquele, o que se tenta combater através de algumas das soluções alcançadas no NR. Surge também destacado que a abertura do processo secundário pode dificultar a atuação do AI do processo principal, tanto mais que o processo secundário do VR é de liquidação. As questões relacionadas com a publicidade ou falta dela, bem como os custos para pequenos credores e PMEs quando pretendem reclamar créditos, eram igualmente referidas. E, por fim, a ausência de um enquadramento para os grupos de sociedades revelou-se outra das grandes lacunas do VR[54].

[53] A essas vamos dar especial atenção (e apenas às que consideramos mais relevantes). Outros temas poderiam ser aqui tratados: por exemplo, os relativos aos poderes do administrador da insolvência no processo principal (cfr., designadamente, os arts. 21º, 1, 36º, 37º, 1 e 2, 38º, 39º, 41º a 47º do NR, e, no VR, os arts. 18º, 1, 29º, 31º-34º), a transferência do ativo remanescente no processo secundário (nos termos do art. 49º do NR; no VR, v. o art. 35º), as consequências da abertura de um processo secundário nos poderes do AI do processo principal (arts. 20º, 1, 21º e 38º, 3 do NR), os efeitos do encerramento nas pessoas coletivas ou sociedades (art. 48º, 2, do NR) ou os efeitos sobre processos de arbitragem pendentes (art. 18º do NR, que é diferente do art. 15º do VR). Ficarão para uma próxima oportunidade. Quanto ao regime do Regulamento 1346/2000, foi estudado em Alexandre de Soveral Martins, *Um curso de direito da insolvência*, 2ª ed., Almedina, Coimbra, 2016. Para uma sistematização de muitos dos problemas que se colocavam antes do Regulamento 1346/2000, v., p. ex., Karsten Schmidt, «Das internationale Unternehmensrech als Lehrmeister des internationalen Insolvenzrechts», in Ulrich Hübner/Werner Ebke (her.), *Festschrif füf Bernhard Großfeld zum 65. Geburtstag*, Recht und Wirtschaft, Heidelberg, 1999, p. 1031-1044.

[54] Sobre o processo que conduziu ao Regulamento (UE) 848/2015, v. Tschentscher, «Einführung», in Braun, *Insolvenzordnung*, cit., Rn. 10 e ss., Ian Fletcher, «Historical Overview: The Drafting of the Regulation and its Precursors», in Gabriel Moss/Ian Fletcher/Stuart Isaacs (ed.), *The EU Regulation on insolvency proceedings*, 3rd. ed.,

Quanto à aplicação do NR, se o Centro dos Interesses Principais se situa fora da EU é certo que o NR não se aplica (Considerando 25). E isto é assim mesmo que o devedor tenha estabelecimento na UE. Já era assim também no VR (Considerando 14 do VR), parece. No entanto, era discutido se, para a aplicação do VR, bastava que o CIP se situasse num Estado-Membro ou se era necessário que existisse uma qualquer outra conexão com outro Estado-Membro. O problema continuará a existir à luz do NR[55].

Se parece certo que o NR contém soluções interessantes, também é verdade que deixa muito espaço à intervenção do legislador nacional.

2. Alargamento do âmbito de aplicação

O NR tem um âmbito de aplicação muito mais vasto do que o previsto no VR. O art. 1º do NR mostra bem a intenção de abranger processos que não implicam a inibição parcial ou total do devedor quanto à administração ou disposição de bens nem implicam a nomeação de um administrador da

OUP, Oxford, 2016, p. 1-19, a p. 16 e ss.; relativamente à evolução até à Proposta de alteração, Catarina Serra, «Insolvência transfronteiriça – Comentários à Proposta de alteração do Regulamento europeu relativo aos processos de insolvência, com especial consideração do Direito Português», DSR, outubro 2013, p. 97-143.

[55] Defendendo que é necessária uma relação transfronteiriça, embora bastando-se com a origem de um crédito ou a existência de um credor noutro Estado-Membro, Ehret, «EuInsVO 2017 Art. 1 Anwendungsbereich», cit., Rn. 21; afirmando a necessidade de um «grenzüberschreitenden Bezug», Jessica Schmidt, «EuInsVO 2017 Art. 1 Anwendungsbereich», in Peter Mankowski/Michael Müller/Jessica Schmidt, *EuInsVO 2015. Europäische Insolvenzverordnung 2015. Kommentar*, cit., Rn. 51; defendendo que o Regulamento não se aplica a casos puramente internos, Müller, «Einleitung», in Peter Mankowski/Michael Müller/Jessica Schmidt, *EuInsVO 2015. Europäische Insolvenzverordnung 2015. Kommentar*, Bech, München, 2016, Rn. 2. Lembrando, por um lado, os Considerandos (1), (3), (8) e (76), e, por outro, o art. 81 do TFUE, Jessica Schmidt, «EuInsVO 2017 Art. 1 Anwendungsbereich», in Peter Mankowski/Michael Müller/Jessica Schmidt, *EuInsVO 2015. Europäische Insolvenzverordnung 2015. Kommentar*, cit., Rn. 56. Não é, porém, claro se a ligação transfronteiriça tem de se verificar ou não com outro Estado-Membro. Embora a resposta afirmativa pareça mais fundamentada, outra foi a leitura do TJUE, ainda perante o VR, no Acórdão de 16.1.2014 proferido no Proc. C-328/12 (*Schmid*), bem como no Acórdão de 4.12.2014, agora no Proc. C 205/13 (*H./H.K.*). Não exigindo a ligação transfronteiriça com outro Estado-Membro para a aplicação do NR, Jessica Schmidt, «EuInsVO 2017 Art. 1 Anwendungsbereich», cit., Rn. 59 e ss.. Os preceitos do NR relativos aos grupos de sociedades fazem também surgir dúvidas, como adiante se verá.

insolvência. Os processos abrangidos podem ser preliminares ou híbridos. Trata-se do que já se chamou de uma adaptação a uma «rescue culture»[56].

O âmbito de aplicação no VR era tornado claro no art. 1º, 1: dizia respeito a «processos coletivos em matéria de insolvência do devedor que determinem a inibição parcial ou total desse devedor da administração ou disposição de bens e a designação de um síndico»[57].

Já o âmbito de aplicação no NR (art. 1º, 1) é muito mais vasto: abrange «processos coletivos públicos de insolvência, incluindo os processos provisórios, com fundamento na lei no domínio da insolvência e nos quais, para efeitos de recuperação, ajustamento da dívida, reorganização ou liquidação: *a)* O devedor é total ou parcialmente privado dos seus bens e é nomeado um administrador da insolvência; *b)* Os bens e negócios do devedor ficam submetidos ao controlo ou à fiscalização por um órgão jurisdicional; ou *c)* Uma suspensão temporária de ações executivas singulares é ordenada por um órgão jurisdicional[58] ou por força da lei, a fim de permitir a realização de negociações entre o devedor e os seus credores, desde que o processo no qual é ordenada a suspensão preveja medidas adequadas para proteger o interesse coletivo dos credores e, caso não seja obtido acordo, seja preliminar relativamente a um dos processos a que se referem as alíneas *a)* ou *b)*. Nos casos em que os processos referidos no presente número possam ser iniciados em situações em que existe apenas uma probabilidade de insolvência, a sua finalidade deve ser a de evitar a insolvência do deve-

[56] Ehret, «EuInsVO 2017 Art. 1 Anwendungsbereich», in Braun, *Insolvenzordnung*, cit., Rn. 2. Mas v., alertando para as dificuldades que a eliminação do disposto no art. 34º, 2, parte final, do VR coloca, Reinhart, «Vorbemerkungen vor Artikel 1», in Hans-Peter Kirchhof/Horst Eidenmüller/Rolf Stürner (her), *Münchener Kommentar zur Insolvenzordnung*, cit., Rn. 37. Para uma análise das soluções que surgiram na Proposta de alteração, Catarina Serra, «»Abrindo» o Regulamento Europeu sobre Insolvência Transfronteiriça – Algumas questões sobre o âmbito de apicação do Regulamento na perspectiva do direito português», in João Reis/Leal Amado/Liberal Fernandes/Regina Redinha (coord.), *Para Jorge Leite. Escritos Jurídicos*, II, Coimbra Editora, Coimbra, 2014, p. 729-742.

[57] No entanto, o Anexo A do OR mostrava que eram abrangidos processos que não caberiam num conceito estrito de processo de insolvência: lembrando isso mesmo, Gabriel Moss/Tom Smith, «Recast Regulation 2015/848 on Insolvency Proceedings (RR)», in Gabriel Moss/Ian Fletcher/Stuart Isaacs (ed.), *The EU Regulation on insolvency proceedings*, cit., p. 419-527, a p. 422.

[58] Sobre a definição de órgão jurisdicional, v. o art. 2º, 6). Só nos arts. 1º, 1, *b)* e *c)*, 4º, 2, 5º, 6º, 21º, 3, 24º, 2, *j)*, 36º, 39º, 61º-77º é que abrange apenas órgãos judiciais.

dor ou a cessação das suas atividades. Os processos referidos no presente número são enumerados no anexo A»[59].

As alterações são significativas. Destacamos a necessidade de se tratar de um processo público[60]; de poder ser um processo para efeitos de recuperação, ajustamento da dívida, reorganização ou liquidação, não tendo o devedor que estar obrigatoriamente insolvente[61]; de não ser necessário que o devedor fique inibido de administrar ou dispor dos bens; de não ser exigido que se trate de um processo que implique a nomeação de administrador da insolvência[62].

[59] V., em especial, os Considerandos 16 e 17. Os processos em causa devem ter fundamento na lei da insolvência, e não, por exemplo, no direito das sociedades. No sentido de que não são abrangidos o *Scheme of Arrangement* do *direito das sociedades* «inglês» e o *retablissement professionnel*, Ehret, «EuInsVO 2017 Art. 1 Anwendungsbereich», cit., Rn. 10 e 11. Nos processos de insolvência enumerados no Anexo A do NR (art. 2º, 4) encontramos, p. ex., o De gerechtelijke reorganisatie door een collectief akkord (Bélgica), o Oddluzení (Rép. Checa), o Monés bankroto byla (Lituânia) e o Felszámolási eljárás (Hungria). A enumeração do Anexo A parece esgotar as possibilidades em cada Estado-Membro: considerando-a «erschöpfend», Tashiro, «EuInsVO 2017 Art. 2 Begriffsbestimmungen», in Braun, *Insolvenzordnung*, cit., Rn. 10. No mesmo sentido, v. o Considerando (9); no mesmo sentido, Jessica Schmidt, «EuInsVO 2017 Art. 1 Anwendungsbereich», in Peter Mankowski/Michael Müller/Jessica Schmidt, *EuInsVO 2015. Europäische Insolvenzverordnung 2015. Kommentar*, cit., Rn. 34. Por sua vez, Thole, «VO (EG) 2015/848 Art. 2 Begriffsbestimmungen», in Hans-Peter Kirchhof/Horst Eidenmüller/Rolf Stürner (her), *Münchener Kommentar zur Insolvenzordnung*, 2ª ed., Beck (Beck-online), 2016, Rn. 2, vê a nomeação no Anexo A como «konstitutiv». O TJUE, no caso Bank Handlowy, Proc. C-116/11, tinha entendido que «a partir do momento em que um processo esteja inscrito no Anexo A do regulamento, deve ser considerado inserido no âmbito de aplicação do regulamento». Curiosamente, a existência de processos que não são abrangidos pelo Regulamento pode estimular o *forum shopping*: sobre isto, lembrando precisamente o *scheme of arrangement*, Wolf-Georg Ringe, «Article 3 – International jurisdiction», in Reinhard Bork/Kristin van Zwieten (ed.), *Commentary on the European Insolvency Regulation*, cit., p. 146. A p. 147, o autor revela, inclusivamente, que os tribunais ingleses consideram que têm jurisdição nesses processos quando o acordo celebrado com os credores indica como lei aplicável a lei inglesa e uma cláusula de jurisdição a favor dos tribunais do Reino Unido: nesses casos, haverá uma «suficiente connection».

[60] Cfr. os Considerandos (12) e (13).

[61] Sobre o 2º par. do art. 1º, 1, leia-se também o Considerando (17). O alargamento tem sido por vezes criticado com o argumento de que será contraditório com as medidas relacionadas com o combate ao atraso nos pagamentos: v. Christoph Paulus, «Foreword», in Gabriel Moss/Ian Fletcher/Stuart Isaacs (ed.), *The EU Regulation on insolvency proceedings*, 3rd. ed., OUP, Oxford, 2016, p. vi.

[62] Estes dois últimos aspetos permitem abranger agora muitos processos de saneamento e de pagamento de dívidas: salientando este aspeto, Reinhart, «VO (EG) 2015/848 Art.

O processo de insolvência a que o NR é aplicável deve ser «coletivo»: terá que ser um processo em que «estão em causa todos, ou uma parte significativa dos credores do devedor, desde que, neste último caso, os processos não afetem os créditos dos credores que neles não participam» (art. 2º, 1, NR)[63].

A alteração do que se entende por processo de insolvência tem, depois, muitas consequências na redação de outras normas. É de salientar o disposto no art. 34º, em que se lê o seguinte: «Se um processo principal de insolvência for aberto por um órgão jurisdicional de um Estado-Membro e reconhecido noutro Estado-Membro, um órgão jurisdicional desse outro Estado-Membro que for competente por força do artigo 3º, nº 2, pode abrir um processo de insolvência secundário, de acordo com o disposto no presente capítulo. Se o processo principal de insolvência tiver exigido que o devedor seja insolvente, a insolvência do devedor não pode ser reexaminada no Estado-Membro em que pode ser aberto um processo secundário de insolvência. Os efeitos do processo secundário de insolvência limitam-se aos bens do devedor situados no território do Estado-Membro em que o processo tiver sido aberto»[64].

Assim, se for aberto um PER em Portugal, a decisão de abertura é reconhecida nos outros Estados-Membros nos termos do art. 19º do NR. E isso tem consequências no que diz respeito a outras decisões (art. 32º do NR). No entanto, a abertura do processo não afeta os direitos reais, de credores ou terceiros, mencionados no art. 8º do NR[65].

1 Anwendungsbereich», in Hans-Peter Kirchhof/Horst Eidenmüller/Rolf Stürner (her), *Münchener Kommentar zur Insolvenzordnung*, cit., Rn. 7. Mesmo nos casos em que se faz referência a «controlo» por órgão jurisdicional (v. art. 1º, 1, *b*)) é preciso ter em conta o Considerando (10): «o termo 'controlo' deverá incluir as situações em que o órgão jurisdicional só intervém se for interposto recurso por um credor ou por outras partes interessadas». Quanto aos processos que «são abertos e correm por um determinado período de tempo a título temporário ou provisório», v. o Considerando (15).

[63] V. ainda o Considerando (14), de que resulta que o processo deve incluir os credores «aos quais o devedor deve a totalidade ou uma parte substancial do montante das suas dívidas pendentes». No mesmo Considerando é feita a referência a «processos que envolvam apenas os credores financeiros do devedor».

[64] Cfr. o art. 27º do Regulamento 1346/2000, em relação ao qual existem algumas diferenças.

[65] Lembrando a importância do art. 8º, Miguel Virgos/Francisco Garcimartín, comentário incluído em Gabriel Moss/Tom Smith, «Recast Regulation 2015/848 on Insolvency Proceedings», in Gabriel Moss/Ian Fletcher/Stuart Isaacs (ed.), *The EU Regulation on insolvency proceedings*, cit., p. 427.

É fácil de compreender, assim, a importância de saber em que consiste a abertura do processo de insolvência. Nos termos do art. 2º, 7, NR, a decisão de abertura do processo de insolvência é «i) a decisão de qualquer órgão jurisdicional de abrir um processo de insolvência ou de confirmar a abertura de um processo dessa natureza, e *ii)* a decisão de um órgão jurisdicional de nomeação de um administrador da insolvência»[66]. Por sua vez, o «momento da abertura do processo» é o «momento em que a decisão de abertura do processo de insolvência produz efeitos, independentemente de essa decisão ser ou não final».

E, como se vê no art. 4º, 1, o momento da apresentação do pedido de abertura de um processo de insolvência não se confunde com a decisão de abertura de um processo de insolvência: «Cabe ao órgão jurisdicional ao qual é apresentado o pedido de abertura de um processo de insolvência verificar oficiosamente a sua competência, nos termos do artigo 3º. A decisão de abertura do processo de insolvência indica os fundamentos que determinam a competência do órgão jurisdicional e, em especial, se a mesma decorre do artigo 3º, nºs 1 ou 2».

O art. 2º, *f)*, do Regulamento 1346/2000 estabelecia que o momento de abertura do processo era aquele «em que a decisão de abertura produz efeitos, independentemente de essa decisão ser ou não definitiva». O art 2º, 8, do Regulamento 2015/848 tem praticamente a mesma redação). Assim, o processo só se considera aberto se houve uma decisão de abertura e se essa decisão produz efeitos, mesmo que não sendo definitiva. Terá havido uma primeira apreciação e consequente decisão, que leva ao prosseguimento do processo.

Mas o que é uma decisão de abertura do processo de insolvência? O Regulamento 1346/2000 dava a seguinte definição de «decisão»: «quando se utilize em relação à abertura de um processo de insolvência ou à nomeação de um síndico, a decisão de um órgão jurisdicional competente para abrir um processo dessa natureza ou para nomear um síndico».

[66] No NR pode haver «processo de insolvência» e não ter sido nomeado um administrador de insolvência. A decisão de nomeação do administrador de insolvência também não tem que implicar a atribuição de efeitos quanto aos poderes de disposição, embora seja necessário que o processo de insolvência cumpra os requisitos do art. 1º, 1: note-se que a al. *a)* faz referência ao devedor «total ou parcialmente privado dos seus bens», enquanto a al. *b)* contém referência ao «controlo ou à fiscalização por um órgão jurisdicional» e a al. *c)* a «medidas adequadas para proteger o interesse coletivo dos credores».

No Processo *Eurofood* (Acórdão de 2.5.2006, no processo C-341/04), o TJ pronunciou-se sobre o que deveria entender-se por decisão de abertura do processo no âmbito do Regulamento 1346/2000 (o TJ debruçava-se sobre um problema relacionado com a aplicação do art. 16º do Regulamento 1346/2000). Entre outras coisas, lemos na decisão ali proferida o seguinte: «Pelos fundamentos expostos, o Tribunal de Justiça (Grande Secção) declara: [...] 3) O artigo 16º, nº 1, primeiro parágrafo, do Regulamento nº 1346/2000 deve ser interpretado no sentido de que a decisão proferida por um órgão jurisdicional de um Estado-Membro chamado a conhecer de um pedido para esse efeito, baseado na insolvência do devedor e destinado à abertura de um processo mencionado no Anexo A do mesmo regulamento, constitui uma decisão de abertura do processo de insolvência na acepção dessa disposição, quando essa decisão implique a inibição do devedor e nomeie um síndico mencionado no Anexo C do referido regulamento. Dessa inibição resulta que o devedor perde os poderes de gestão sobre o seu património [...]».

O Acórdão não exclui o relevo de uma *decisão formal de abertura*[67]. No texto do Acórdão também se lê que «deve ser considerada uma «decisão que determin[a] a abertura de um processo de insolvência» na acepção do regulamento não apenas a decisão formalmente qualificada de decisão de abertura pela legislação do Estado-Membro do órgão jurisdicional que a profere, mas também a decisão proferida na sequência de um pedido, baseado na insolvência do devedor, destinado à abertura de um processo enumerado no Anexo A do referido regulamento, quando essa decisão implique a inibição do devedor e nomeie um síndico mencionado no Anexo C do referido regulamento. Uma inibição dessa natureza implica a perda, pelo devedor, dos poderes de gestão que detém sobre o seu património. Efectivamente, nesse caso, produziram-se as duas consequências características de um processo de insolvência, a saber, a nomeação de um síndico provisório mencionado no Anexo C e a inibição do devedor, estando assim reunidos todos os elementos constitutivos da definição dada a esse processo pelo artigo 1º, nº 1, do regulamento».

Perante o teor do Acórdão Eurofood, dir-se-á que não parece bastar que o processo de insolvência se considere pendente para se poder falar

[67] Hans-Jochem Lüer, *EuInsO Art. 2*, in Wilhelm Uhlenbruck/Heribert Hirte/Heinz Vallender (her.), *Insolvenzordnung*, Franz vahlen, München, 2015, Rn. 11.

de abertura do processo. E também não bastará a apreciação liminar que tem lugar nos termos do art. 27º do CIRE. O processo de insolvência só se consideraria aberto, em regra, após a sentença de declaração de insolvência produzir efeitos. Isso mostra a importância da indicação da hora em que foi proferida a sentença de declaração de insolvência. Estará em causa evitar o efeito retroativo da declaração de insolvência até às zero horas do dia em que a sentença de declaração de insolvência é proferida. Não era, porém, evidente se uma decisão de nomeação de administrador judicial provisório com poderes exclusivos para administrar o património do devedor ou para o assistir nessa administração (art. 31º, 2, do CIRE) constituía uma decisão de abertura do processo. No referido caso *Eurofood*, o Tribunal de Justiça considerou, para efeitos do art. 16º do Regulamento 1346/2000, que na Irlanda bastaria a nomeação de um *provisional liquidator*. O Regulamento (EU) 2015/848 faz agora referência, no seu art. 2º, 7, a uma «decisão de abertura do processo».

O que parece mais claro à luz do novo Regulamento é que a decisão de abertura do processo de insolvência pode ser a de *abrir o processo* ou de *confirmar a abertura do processo*, ou pode ser a decisão de *nomear um administrador da insolvência* (incluindo um administrador judicial provisório – v. o Anexo B e o art. 2º, 5, do Regulamento 2015/848). Além disso, deixa de ser necessário que a decisão «implique a inibição do devedor» (e que o devedor perca os poderes de gestão sobre o seu património) ou, até, que nomeie um administrador da insolvência[68]. O momento de abertura do processo continua a ser o «momento em que a decisão de abertura do processo de insolvência produz efeitos, independentemente de essa decisão ser ou não final».

O que conta, frise-se, é o momento em que a decisão de abertura produz efeitos: não o momento em que foi instaurado o processo. E a decisão de abertura pode ser a de nomear um AI, que também pode ser apenas um administrador «provisório» (v. art. 2º, 5), e o Anexo B). Mas o NR vai continuar a permitir que surjam dúvidas quanto à questão de saber se a decisão em que o juiz manda citar o devedor (art. 29º, 1, do CIRE) é ou não uma decisão de abertura do processo. Contudo, já permite dizer com

[68] Sobre as vantagens do Regulamento 2015/848 quanto à discussão relativamente aos administradores provisórios «fracos» – «vorläufigen schwachen Verwalters» -, Tashiro, «EuInsVO 2017 Art. 2 Begriffsbestimmungen», cit., Rn. 33.

segurança que é, pelo menos, decisão de abertura do processo, para efeitos daquele Regulamento, a que nomeie um administrador judicial provisório no âmbito de medidas cautelares. E, assim, no PER também será decisão de abertura do processo a que nomeia o administrador judicial provisório. Acresce que a referência à decisão que seja ou não final, se afasta o relevo da simples interposição de recurso, já não dá certezas relativamente aos casos em que o recurso tenha efeito suspensivo[69].

3. O devedor não desapossado

Como vimos, o âmbito de aplicação do NR foi alargado. Os processos abrangidos podem não implicar a «inibição parcial ou total desse devedor da administração ou disposição de bens». Houve, por isso, necessidade de adaptar o NR a esse alargamento, passando a ser tido em conta o «devedor não desapossado».

O «devedor não desapossado» é definido como «um devedor em relação ao qual tenha sido aberto um processo de insolvência que não implique necessariamente a nomeação de um administrador da insolvência ou a transferência integral de todos os direitos e deveres de administração dos bens do devedor para um administrador da insolvência ou a transferência integral de todos os direitos e deveres de administração dos bens do devedor para um administrador da insolvência e em que, por conseguinte, o devedor mantenha o controlo total ou, pelo menos, parcial dos seus bens e negócios» (art. 2º, 3)). O NR vai reconhecer a importância da figura conferindo poderes vários ao devedor não desapossado (v., p. ex., arts. 6º, 2, 38º, 1, 3, 55º, 5 e 7, e 76º)[70].

O CIRE prevê a possibilidade de o devedor manter a administração da massa insolvente (arts. 223º e ss.). No entanto, as pessoas singulares não

[69] Lembrando isso mesmo, Müller, «EuInsVO 2017 Art. 19 Grundsatz», in Peter Mankowski/Michael Müller/Jessica Schmidt, *EuInsVO 2015. Europäische Insolvenzverordnung 2015. Kommentar*, cit., Rn. 15

[70] A preocupação com o seu enquadramento jurídico já era afirmada na Recomendação da Comissão de 12 de março de 2014 sobre uma nova abordagem em matéria de falência e de insolvência das empresas (2014/135/UE), ponto 6, *b)*, no âmbito da reestruturação preventiva) e surge como aspeto merecedor de especial atenção no art. 5º da Proposta de Diretiva «relativa aos quadros jurídicos em matéria de reestruturação preventiva, à concessão de uma segunda oportunidade e às medidas destinadas a aumentar a eficiência dos processos de reestruturação, insolvência e quitação, e que altera a Diretiva 2012/30/UE» (COM (2016) 723 final).

titulares de empresas ou titulares de pequenas empresas (tal como estas são entendidas no art. 249º do CIRE) não podem ter a administração da massa insolvente (art. 250º). A administração pelo devedor é decidida, sendo o caso, no processo de insolvência, e convive com a nomeação de AI (v., p. ex. o art. 226º do CIRE). Os poderes do devedor que administra a massa insolvente podem ter maior ou menor extensão (cfr. o art. 226º, 2-6, do CIRE)

4. O CIP. A definição

No VR e no NR o processo principal de insolvência só pode ser aberto pelos órgãos jurisdicionais do Estado-Membro em que está situado o CIP (Centro dos Interesses Principais)/COMI (Center Of Main Interests)[71]. E nunca é demais sublinhar a importância deste regime. Tanto mais que o art. 19º, 1, do NR estabelece que uma «decisão que determine a abertura de um processo de insolvência, proferida por um órgão jurisdicional de um Estado-Membro competente por força do artigo 3º, é reconhecida em todos os outros Estados-Membros logo que produza efeitos no Estado de abertura do processo»[72] (sem esquecer, evidentemente, o art. 33º). E isso deve ser

[71] Mas, como vimos, a Dinamarca não está sujeita ao NR. A definição de «órgão jurisdicional» consta do art. 2º, 6), NR.

[72] Sobre a «rule of priority» v., p. ex., a decisão do TJUE no caso Eurofood. Mas v., discutindo em que medida é que está verdadeiramente em causa um «principio da prioridade» e se o tribunal de outro Estado-Membro em que é apresentado um segundo processo principal pode ou não verificar se o primeiro foi bem aberto, MANKOWSKI, «EuInsVO 2017 Art. 3 Internationale Zuständigkeit», in PETER MANKOWSKI/MICHAEL MÜLLER/JESSICA SCHMIDT, *EuInsVO 2015. Europäische Insolvenzverordnung 2015. Kommentar*, cit., Rn. 165 e ss.. Quanto à exceção de ordem pública do art 33º, v., p. ex., PAUL OBERHAMMER, «Article 33 – Public policy», in REINHARD BORK/KRISTIN VAN ZWIETEN (ed.), *Commentary on the European Insolvency Regulation*, OUP, Oxford, 2016, p. 387 e ss.. Sobre os problemas relacionados com a exoneração do passivo, MÜLLER, «EuInsVO 2017 Art. 20 Wirkung der Anerkennung», in PETER MANKOWSKI/MICHAEL MÜLLER/JESSICA SCHMIDT, *EuInsVO 2015. Europäische Insolvenzverordnung 2015. Kommentar*, cit., Rn. 8. Os conflitos negativos de jurisdição também podem ocorrer. É, aliás, importante referir que o DL 79/2017 acrescentou um nº 4 ao art. 7º do CIRE com o seguinte teor: «Se a abertura de um processo de insolvência for recusada por tribunal de um Estado-membro da União Europeia em virtude de a competência caber aos tribunais portugueses, nos termos do nº 1 do artigo 3º do Regulamento (EU) nº 2015/848 do Parlamento Europeu e do Conselho, de 20 de maio de 2015, não podem estes julgar-se internacionalmente incompetentes com fundamento no facto de a competência pertencer aos tribunais desse outro Estado» (cfr. tb., na Alemanha, o Artigo 102, § 3, (2), da *Einführungsgesetz zur Insolvenzordnung* ou *EGInsO*).

tido em conta nos outros Estados-Membros[73]: designadamente, quando, num outro Estado-Membro, é violado o disposto no art. 19º, 1, e é aberto um segundo processo[74]. A tudo isso acresce que, de acordo com o art. 7º, 1, em regra (salvo disposição em contrário do próprio Regulamento[75]), a lei do Estado-Membro em que é aberto o processo de insolvência é também a lei aplicável ao processo de insolvência e aos respetivos efeitos.

Estranhamente, o VR referia-se ao CIP no Considerando 13. O NR já clarifica no art. 3º, 1, o significado de CIP: «local em que o devedor exerce habitualmente a administração dos seus interesses de forma habitual e cognoscível por terceiros». Como se vê, na versão em língua portuguesa surgem na definição de CIP as palavras «habitualmente» e «habitual». Mais conseguidas são as versões noutras línguas («The centre of main interests shall be the place where the debtor conducts the administration of its interests on a regular basis and which is ascertainable by third parties»; «Le centre des intérêts principaux correspond au lieu où le débiteur gère habituellement ses intérêts et qui est vérifiable par des tiers»)[76].

[73] V. com interesse, o Acórdão de 21.1.2010 do TJ (MG Probud Gdynia), Proc. C-444/07, em que se decidiu assim: «O Regulamento (CE) nº 1346/2000 do Conselho, de 29 de Maio de 2000, relativo aos processos de insolvência, nomeadamente os seus artigos 3º, 4º, 16º, 17º e 25º, deve ser interpretado no sentido de que, num processo como o principal, depois da abertura de um processo principal de insolvência num Estado-Membro, as autoridades competentes de outro Estado-Membro, no qual não foi aberto nenhum processo secundário de insolvência, estão obrigadas, sem prejuízo dos motivos de não reconhecimento previstos nos artigos 25º, nº 3, e 26º deste regulamento, a reconhecer e executar todas as decisões relativas a esse processo principal de insolvência e, portanto, não podem ordenar, ao abrigo da legislação desse outro Estado-Membro, medidas de execução relativas aos bens do devedor declarado insolvente, situados no território do referido outro Estado-Membro, quando a legislação do Estado de abertura do processo não o permita e quando os requisitos a que está sujeita a aplicação dos artigos 5º e 10º do regulamento não estejam preenchidos.

[74] Mais discutível é o tratamento a dar aos casos em que a decisão é de recusa da abertura: sobre isto, MÜLLER, «EuInsVO 2017 Art. 19 Grundsatz», in PETER MANKOWSKI/MICHAEL MÜLLER/JESSICA SCHMIDT, *EuInsVO 2015. Europäische Insolvenzverordnung 2015. Kommentar*, cit., Rn.25.

[75] E há várias nos arts. 8º a 18º.

[76] Como parece decorrer do Regulamento nº 1 «que estabelece o regime linguístico da Comunidade Económica Europeia, não pode ser dada prevalência a uma das redações. Mas os erros na redação devem ser tidos em conta: cfr. MÜLLER, «Einleitung», in PETER MANKOWSKI/MICHAEL MÜLLER/JESSICA SCHMIDT, *EuInsVO 2015. Europäische Insolvenzverordnung 2015. Kommentar*, cit., Rn. 38.

Para se saber onde se situa o CIP é fundamental identificar o que é ou não cognoscível por terceiros[77]. O Considerando (28) ajuda a compreender o que está em causa: «Ao decidir se o centro dos interesses principais do devedor é cognoscível por terceiros, haverá que ter em especial consideração os credores e a sua perceção quanto ao local em que o devedor administra os seus interesses. Para tal, poderá ser necessário, em caso de mudança do centro dos interesses principais, informar, em tempo útil, os credores do novo local a partir do qual o devedor passou a exercer as suas atividades, por exemplo, chamando a atenção para a mudança de endereço em correspondência comercial ou publicitando o novo local por outros meios adequados».

A identificação do CIP pode ser útil para os credores logo na altura da concessão do crédito e da negociação das garantias. Apesar de não ser esse o momento relevante para se apurar onde se situa o CIP com vista à aplicação do NR, a averiguação poderá ajudar na avaliação do risco envolvido nos negócios celebrados. A própria futura alteração do CIP pode ser tida em consideração nesses negócios[78].

No que diz respeito às sociedades, o CIP não é necessariamente o local em que se deu a constituição. Tendo em conta a jurisprudência do TJUE quanto à liberdade de estabelecimento, vemos que existe falta de harmonia entre os dois caminhos seguidos[79].

[77] A identificação do círculo de terceiros a ter em conta não deixa de apresentar dificuldades: sobre a matéria, MANKOWSKI, «EuInsVO 2017 Art. 3 Internationale Zuständigkeit», in PETER MANKOWSKI/MICHAEL MÜLLER/JESSICA SCHMIDT, *EuInsVO 2015. Europäische Insolvenzverordnung 2015. Kommentar*, cit., Rn. 23. V. TB. THOLE, «VO (EG) 2015/848 Art. 2 Begriffsbestimmungen», cit., Rn. 3.

[78] Sobre o tema, MANKOWSKI, «EuInsVO 2017 Art. 3 Internationale Zuständigkeit», in PETER MANKOWSKI/MICHAEL MÜLLER/JESSICA SCHMIDT, *EuInsVO 2015. Europäische Insolvenzverordnung 2015. Kommentar*, cit., Rn. 11. LUCIAN BEBCHUK/ANDREW GUZMAN, «An Economic Analysis of Transnational Bankruptcies», *The Journal of Law & Economics*, 42, outubro 1999, p. 779, mostram como é que o regime da insolvência pode ter influência sobre as taxas de juro dos empréstimos. Por sua vez, WOLF-GEORG RINGE, «Article 3 – International jurisdiction», in REINHARD BORK/KRISTIN VAN ZWIETEN (ed.), *Commentary on the European Insolvency Regulation*, cit., p. 122, mostra como a possibilidade de determinar ex ante o regime de insolvência aplicável conduz a uma melhor avaliação do risco, maior eficiência e «lower cost of capital», embora haja que contar com a mobilidade do CIP.

[79] Chamando a atenção para isso mesmo, v. WOLF-GEORG RINGE, «Article 3 – International jurisdiction», in REINHARD BORK/KRISTIN VAN ZWIETEN (ed.), *Commentary on the*

5. CIP e sede estatutária

O CIP pode não coincidir com a sede estatutária de uma sociedade ou pessoa coletiva. O VR estabelecia a presunção de que o CIP era o local da sede estatutária. Contudo, tal presunção era ilidível.

O NR intervém também nesta matéria. O art. 3º, 1, 2º par., dispõe que a presunção [a presunção de que o CIP é o local da sede estatutária, que se mantém] «só é aplicável se a sede estatutária não tiver sido transferida para outro Estado-Membro nos três meses anteriores ao pedido de abertura do processo de insolvência». Como resulta do Considerando (31) do NR, estamos perante uma solução que, através de um período suspeito (*suspension period, look back period, Sperrfrist, période suspecte*) visa «prevenir a seleção de foro fraudulenta ou abusiva»[80]. O que decorre do NR é que não há lugar à presunção nos casos mencionados. Isso não significa que a sede estatutária não possa ser alterada ou que essa mudança não possa ser tida em conta, ainda que sem dar lugar a uma presunção[81]. Será, inclusivamente, de perguntar se um regime semelhante não deveria ser introduzido

European Insolvency Regulation, cit., p. 127. A p. 138 e s., o autor acaba por defender que teria sido preferível abandoner o CIP e adotar apenas o critério da sede estatutária.

[80] Os Considerandos 28 a 30 parecem querer apresentar uma condensação da jurisprudência do TJ: Tashiro, «EuInsVO 2017 Art. 3 Internationale Zuständigkeit», in Braun, *Insolvenzordnung*, cit., Rn. 14. Sobre casos de sociedades alemãs que mudaram o CIP para o Reino Unido tendo por objetivo sujeitarem-se ao regime deste último Estado-Membro para a sua reestruturação, Wolf-Georg Ringe, «Article 3 – International jurisdiction», in Reinhard Bork/Kristin van Zwieten (ed.), *Commentary on the European Insolvency Regulation*, cit., p. 135. A mudança de CIP não é sempre abusiva: cfr., com exemplos, Mankowski, «EuInsVO 2017 Art. 3 Internationale Zuständigkeit», cit., Rn. 12. O mesmo autor, em «EuInsVO 2017 Art. 3 Internationale Zuständigkeit», in Peter Mankowski/Michael Müller/Jessica Schmidt, *EuInsVO 2015. Europäische Insolvenzverordnung 2015. Kommentar*, cit., Rn. 34, refere-se a um «mau» *forum shopping*. Lembrando a liberdade de estabelecimento, que permite deslocações do CIP/COMI, Marios Koutsias, «The Insolvency Regulation and the Centre of main Interest n the European Union: AreThey Victims of the Company Law Conflicts within the Union?», ECL, 12, outubro 2015, p. 228. No entanto, o período suspeito estabelecido no Regulamento é cego: sobre isto, mais uma vez, Wolf-Georg Ringe, «Article 3 – International jurisdiction», in Reinhard Bork/Kristin van Zwieten (ed.), *Commentary on the European Insolvency Regulation*, cit., p. 138.

[81] Gabriel Moss/Tom Smith, «Recast Regulation 2015/848 on Insolvency Proceedings», in Gabriel Moss/Ian Fletcher/Stuart Isaacs (ed.), *The EU Regulation on insolvency proceedings*, cit., p. 446.

no direito nacional[82]. No entanto, a insegurança que o período suspeito acaba por gerar[83] parece desaconselhar uma tal alteração.

Quanto à possibilidade de ilidir a presunção, pode ler-se no Considerando (30) do NR que «a presunção de que a sede estatutária, o local de atividade principal e a residência habitual constituem o centro dos interesses principais deverá ser ilidível e o órgão jurisdicional competente de um Estado-Membro deverá ponderar cuidadosamente se o centro dos interesses principais do devedor está verdadeiramente situado nesse Estado-Membro»[84].

O Considerando (30) identifica, inclusivamente, casos em que se pode considerar ilidida a presunção se se trata de uma sociedade: «essa presunção deverá poder ser ilidida se a administração central da sociedade se situar num Estado-Membro diferente do da sede estatutária e se uma avaliação global de todos os fatores relevantes permitir concluir, de forma cognoscível por terceiros, que o centro efetivo da administração e supervisão da sociedade e da gestão dos seus interesses se situa nesse outro Estado-Membro»[85].

[82] Para um panorama sobre normas semelhantes noutros países, Wolf-Georg Ringe, «Article 3 – International jurisdiction», in Reinhard Bork/Kristin van Zwieten (ed.), *Commentary on the European Insolvency Regulation*, cit., p. 141.

[83] Wolf-Georg Ringe, «Article 3 – International jurisdiction», in Reinhard Bork/Kristin van Zwieten (ed.), *Commentary on the European Insolvency Regulation*, cit., p. 142 e s..

[84] Sobre a importância da decisão proferida no caso Interedil (Proc. C-396/09) para a inclusão do Considerando (30), Gabriel Moss/Tom Smith, «Recast Regulation 2015/848 on Insolvency Proceedings», in Gabriel Moss/Ian Fletcher/Stuart Isaacs (ed.), *The EU Regulation on insolvency proceedings*, cit., p. 446, e Wolf-Georg Ringe, «Article 3 – International jurisdiction», in Reinhard Bork/Kristin van Zwieten (ed.), *Commentary on the European Insolvency Regulation*, cit., p. 132.

[85] V., sobre a matéria, o Ac. TJUE Interedil, Proc. C-396/09, de 20.10.2011. No Acórdão de 15.13.2011 proferido no Proc. C-191/10 (Rastelli), o TJ considerou, entre outras coisas, que «O Regulamento nº 1346/2000 deve ser interpretado no sentido de que, na hipótese de uma sociedade, cuja sede estatutária está situada no território de um Estado-Membro, ser visada por uma acção destinada a tornar extensivos a essa sociedade os efeitos de um processo de insolvência instaurado noutro Estado-Membro contra outra sociedade estabelecida no território deste último Estado, a simples constatação de confusão dos patrimónios não basta para demonstrar que o centro dos interesses principais da sociedade visada na referida acção se encontra igualmente neste último Estado. É necessário, para ilidir a presunção de que este centro se encontra no local da sede estatutária, que uma apreciação global de todos os elementos pertinentes permita demonstrar que, de modo que os terceiros possam verificar,

6. O CIP e as pessoas singulares

O critério que permite estabelecer a competência internacional para a abertura de um processo principal de insolvência é o da situação do CIP do devedor. O VR estabelecia uma presunção quanto às sociedades e pessoas coletivas. No entanto, o mesmo não sucedia em relação às pessoas singulares apesar de o critério valer também para elas. E isso criava, evidentemente, dificuldades de interpretação.

Algumas dessas dificuldades são consideravelmente atenuadas com o NR. O NR faz a distinção entre a pessoa singular que exerça atividade comercial ou profissional independente e a pessoa singular que não exerce essas atividades. Em ambos os casos estabelece presunções para facilitar a identificação do CIP e em ambos os casos afasta a presunção em situações que justificam combater o *forum shopping* quando a mudança de local se deu num certo período de tempo.

O art. 3º, 1, do NR começa por dispor que, relativamente a pessoa singular que exerça atividade comercial ou profissional independente, se presume que o CIP «é o local onde exerce a atividade principal»[86]. A presunção admite prova em contrário e «só é aplicável se o local de atividade principal da pessoa singular não tiver sido transferido para outro Estado-Membro nos três meses anteriores ao pedido de abertura do processo de insolvência». Apesar da redação, parece que, tendo havido transferência do local de atividade principal para outro Estado-Membro, é no Estado-Membro onde agora se situa o local de atividade principal que o preceito encontra aplicação. No Estado-Membro onde já não se situa o local de atividade prin-

o centro efectivo de direcção e de fiscalização da sociedade visada pela acção para efeitos de extensão se situa no Estado-Membro onde foi instaurado o processo de insolvência inicial».

[86] As dúvidas podem surgir quanto aos casos em que a pessoa singular tem sobretudo dívidas relacionadas com a sua vida extraprofissional ou com uma atividade profissional dependente. Sobre os temas, THOLE, «VO (EG) 2015/848 Art. 3 Internationale Zuständigkeit», cit., Rn. 7, e MANKOWSKI, «EuInsVO 2017 Art. 3 Internationale Zuständigkeit», in PETER MANKOWSKI/MICHAEL MÜLLER/JESSICA SCHMIDT, *EuInsVO 2015. Europäische Insolvenzverordnung 2015. Kommentar*, cit., Rn. 114. No entanto, parece que a presunção funcionará ainda quando a situação de insolvência não resulta da atividade independente: WOLF-GEORG RINGE, «Article 3 – International jurisdiction», in REINHARD BORK/KRISTIN VAN ZWIETEN (ed.), *Commentary on the European Insolvency Regulation*, cit., p. 153, com recurso ao elemento histórico. Quanto à influência do Relatório Virgos-Schmidt (par. 75), v. GABRIEL MOSS/TOM SMITH, «Recast Regulation 2015/848 on Insolvency Proceedings», in GABRIEL MOSS/IAN FLETCHER/STUART ISAACS (ed.), *The EU Regulation on insolvency proceedings*, cit., p. 446.

cipal a presunção nunca se poderia aplicar[87]. Como o Regulamento não diz o que seja o local de atividade principal, é natural que as dúvidas surjam.

Quanto às outras pessoas singulares (vale por dizer, as que não exercem atividade comercial ou profissional independente), presume-se que o CIP «é o lugar de residência habitual»[88]. Mais uma vez, a presunção admite prova em contrário, mas só é «aplicável se a residência habitual não tiver sido transferida para outro Estado-Membro nos seis meses anteriores ao pedido de abertura do processo de insolvência». Trata-se, igualmente, de «prevenir a seleção do foro fraudulenta ou abusiva» (Considerando 29 do Regulamento 2015/848)[89].

[87] THOLE, «VO (EG) 2015/848 Art. 2 Begriffsbestimmungen», cit., Rn. 8, manifesta-se em sentido próximo quanto à versão em língua alemã.

[88] Considerando-a o centro da atividade jurídico-negocial da pessoa, o centro da atividade da pessoa e da sua integração social, MANKOWSKI, «EuInsVO 2017 Art. 3 Internationale Zuständigkeit», cit., Rn. 120 e 128. O autor enumera muitos indícios: p. ex., o património, o valor da renda, a dimensão do apartamento, o número de pessoas com quem o divide, a duração do contrato de arrendamento, o consumo de eletricidade, de água ou de comunicações telefónicas, o consumo nos estabelecimentos locais, a movimentação de contas, o conhecimento dos termos que designam os produtos alimentares, o endereço utilizado para a correspondência e, naturalmente, o local onde reside a família. Sobre a influência do Relatório Virgos-Schmidt, GABRIEL MOSS/TOM SMITH, «Recast Regulation 2015/848 on Insolvency Proceedings», in GABRIEL MOSS/IAN FLETCHER/STUART ISAACS (ed.), *The EU Regulation on insolvency proceedings*, cit., p. 447. V. tb., com utilidade, as decisões do TJUE nos casos Robin Swaddling, C-90/97, e Barbara Mercredi, C-497/10, bem como os Considerandos (23) a (25) do Regulamento (UE) 650/2012 («Regulamento das Sucessões»).

[89] Referindo-se a um «Insolvenztourismus», em grande parte motivado por diferenças entre os regimes nacionais quanto à exoneração do passivo restante, TASHIRO, «EuInsVO 2017 Art. 3 Internationale Zuständigkeit», in BRAUN, *Insolvenzordnung*, cit., Rn. 24; por sua vez, MÜLLER, «Einleitung», in PETER MANKOWSKI/MICHAEL MÜLLER/JESSICA SCHMIDT, *EuInsVO 2015. Europäische Insolvenzverordnung 2015. Kommentar*, cit., Rn. 51, alude a um «Schuldbefreiungstourismus». No Rn 26, é referido ainda que o prazo mais longo se justifica porque para os sujeitos em causa é mais fácil a mudança e porque se desenvolveu a oferta de prestação de serviços «em pacote» para permitir a alteração. Por sua vez, WOLF-GEORG RINGE, «Article 3 – International jurisdiction», in REINHARD BORK/KRISTIN VAN ZWIETEN (ed.), *Commentary on the European Insolvency Regulation*, cit., p. 159, lembra o argumento de que os meros consumidores que mudam de residência habitual nada deixam atrás e, por isso, não há sequer a possibilidade de abrir processos secundários. Sobre o tema, desenvolvidamente, ADRIAN WALTERS/ANTON SMITH, «'Bankruptcy Tourism' under the EC Regulation on Insolvency Proceedings: a View from England and Wales», http://ssrn.com, e IAN FLETCHER, «Scope and Jurisdiction», in GABRIEL MOSS/IAN FLETCHER/STUART ISAACS (ed.), *The EU Regulation on insolvency proceedings*, cit., p. 47-69, a p. 64 e ss. (referindo-se a um «Mobile COMI»).

No que diz respeito à prova em contrário que afasta a presunção, o Considerando (30) do NR procurou ajudar o intérprete: no «caso de uma pessoa singular que não exerça uma atividade comercial ou profissional independente, essa presunção deverá poder ser ilidida, por exemplo, se a maior parte dos bens do devedor estiver situada fora do Estado-Membro onde este tem a sua residência habitual, ou se puder ficar comprovado que o principal motivo para a sua mudança de residência foi o de requerer a abertura de um processo de insolvência na nova jurisdição e se tal pedido prejudicar significativamente os interesses dos credores cujas relações com o devedor tenham sido estabelecidas antes da mudança».

7. O processo secundário

7.1. O processo secundário não tem que ser um processo de liquidação

No VR o processo secundário era, necessariamente, um processo de liquidação (*winding-up*): isso resultava do art. 3º, 3. Contudo, o art. 34º VR previa a possibilidade de esse processo terminar sem liquidação através de um plano de recuperação, de uma concordata ou de qualquer medida análoga.

No NR, o processo secundário já não tem que ser um processo de liquidação (art. 3º, 3)[90]. Pretende-se com isso aumentar a possibilidade de recuperação ou reestruturação do devedor como um todo[91].

O reconhecimento da decisão de abertura de um processo de insolvência principal não obsta à abertura de um processo de insolvência secundário noutro Estado-Membro (art. 19º, 2). Os efeitos desse processo «não podem ser impugnados nos outros Estados-Membros» (art. 20º, 2[92]). Mas, se foi antes aberto um processo principal, há ainda que contar com o art. 32º quanto às decisões nele proferidas[93].

[90] O processo territorial aberto num Estado-Membro ao abrigo do art. 3º, 2, antes da abertura de um processo principal noutro Estado-Membro também não tem que ser um processo de liquidação. A alteração tornou o que era o Anexo B do Regulamento 1346/2000 redundante: Ian Fletcher, «Scope and Jurisdiction», Ian Fletcher, «Scope and Jurisdiction», in Gabriel Moss/Ian Fletcher/Stuart Isaacs (ed.), *The EU Regulation on insolvency proceedings*, cit., p. 66.

[91] Proposta de Regulamento da Comissão, p. 8.

[92] O preceito abrange os processos referidos no art. 3º, 2, e não apenas os secundários.

[93] V. Müller, «EuInsVO 2017 Art. 20 Wirkungen der Anerkennung», in Peter Mankowski/Michael Müller/Jessica Schmidt, *EuInsVO 2015. Europäische Insolvenzverordnung 2015. Kommentar*, cit., Rn. 19.

E se, no VR, o art. 27º permitia que o processo secundário fosse aberto sem que a insolvência do devedor aí fosse examinada, agora, o art. 34º do NR teve que ser adaptado às novas realidades abrangidas na definição de processo de insolvência. Por isso, só se o processo principal tiver exigido que o devedor seja insolvente e esse processo tenha sido aberto num Estado e reconhecido noutro Estado-Membro é que a insolvência do devedor não pode ser reexaminada no Estado-Membro em que pode ser aberto o processo secundário.

O art. 38º, 1, do NR estabelece que o órgão jurisdicional a que é apresentado o pedido de abertura do processo secundário deve notificar o AI do processo principal ou, sendo o caso, o devedor não desapossado, dando-lhes a possibilidade de serem ouvidos sobre o pedido. É digno de nota o facto de não se fazer menção à audição do devedor. Mas isto não parece significar que sejam afastadas as normas que, na legislação dos Estados-Membros, prevejam essa audição.

7.2. A garantia para *evitar a abertura* de processo secundário

Outro aspeto importante diz respeito aos casos em que é possível evitar a abertura de um processo secundário de insolvência[94], aceitando o que a prática consagrou como «synthetic secondary proceedings»[95]. Isso está previsto no art. 36º do NR[96]. Aquela possibilidade é deixada ao AI do pro-

[94] REINHART, «VO (EG) 2015/848 Art. 38 Entscheidung zur Eröffnung eines Sekundärinsolvenzverfahrens», in HANS-PETER KIRCHHOF/HORST EIDENMÜLLER/ROLF STÜRNER (her), *Münchener Kommentar zur Insolvenzordnung*, cit., Rn. 6, considera esta uma das alterações essenciais contidas no NR. Por sua vez, TSCHENTSCHER, «Vorbemerkung vor Art. 56-77» in EBERHARD BRAUN, *Insolvenzordnung*, 7. Aufl, Beck (Beck-online), München, 2017, Rn. 9, realça a importância para os grupos de sociedades da possibilidade de evitar a abertura do processo secundário e de suspender essa abertura.

[95] IAN FLETCHER, «Scope and Jurisdiction», in GABRIEL MOSS/IAN FLETCHER/STUART ISAACS (ed.), *The EU Regulation on insolvency proceedings*, cit., p. 66.

[96] Na Proposta de Regulamento, p. 8, lê-se que os «tribunais ingleses aceitaram que os síndicos ingleses tivessem poderes para distribuir parte dos bens de acordo com a lei do Estado-Membro em que se situava o estabelecimento», o que mostra o interesse da questão abordada. Sobre a influência que os casos *MG Rover belus SA/NV [2006] EWHC 13443 (Ch)*, *Collins & Aikman III[2006) EWHC 1296 (Ch)* e *Re Nortel Netxorks SA and others [2009] 2006 (Ch)* poderão ter tido, v. REINHART, «VO (EG) 2015/848 Art. 36 Recht, zur Vermeidung eines Sekundärinsolvenzverfahrens eine Zusicherung zu geben»», in HANS-PETER KIRCHHOF/HORST EIDENMÜLLER/ROLF STÜRNER (her), *Münchener Kommentar zur Insolvenzordnung*, cit., Rn. 1 (no Rn. 4, o autor alerta para as dificuldades inerentes ao regime).

cesso principal[97], que, para afastar a referida abertura do processo secundário, terá de dar uma garantia, quanto aos «bens situados no Estado-Membro em que o processo secundário de insolvência possa ser aberto [...] de que, ao distribuir os bens ou as receitas provenientes da sua liquidação, respeitará os direitos de distribuição e os privilégios creditórios [?] consignados na lei nacional que assistiriam aos credores se o processo secundário de insolvência fosse aberto nesse Estado-Membro [...]» (art. 36º, 1, do NR)[98]. De acordo com a parte final do art. 36º, 2, do NR, o «momento relevante para efeitos da determinação dos bens a que se refere o n.o 1 é o momento em que a garantia é dada»[99].

O administrador da insolvência do processo principal pode, assim, garantir que os credores[100] num Estado-Membro serão tratados no processo principal aberto noutro Estado-Membro como se tivesse sido aberto um processo secundário[101] e com os mesmos direitos que aí teriam quanto

[97] Sobre a definição de AI, v. o art. 2º, 5), NR.

[98] Contudo, os nºs 7 e 8 obrigam os credores locais a recorrer ao órgão jurisdicional em que foi aberto o processo principal.

[99] Considerando este regime «vital», IAN FLETCHER, «Scope and Jurisdiction», in GABRIEL MOSS/IAN FLETCHER/STUART ISAACS (ed.), *The EU Regulation on insolvency proceedings*, cit., p. 67.

[100] Sobre os credores que merecem a proteção referida, v. REINHART, «VO (EG) 2015/848 Art. 36 Recht, zur Vermeidung eines Sekundärinsolvenzverfahrens eine Zusicherung zu geben»», cit., Rn. 7 e ss..

[101] Por isso se fala de um processo «virtual» ou «sintético»: MÜLLER, «Einleitung», in PETER MANKOWSKI/MICHAEL MÜLLER/JESSICA SCHMIDT, *EuInsVO 2015. Europäische Insolvenzverordnung 2015. Kommentar*, cit., Rn. 52. O regime é aplicável no âmbito dos diversos processos abrangidos pelo NR, incluindo os de liquidação: IAN FLETCHER, «Scope and Jurisdiction», in GABRIEL MOSS/IAN FLETCHER/STUART ISAACS (ed.), *The EU Regulation on insolvency proceedings*, cit., p. 67, que lembra os custos que a abertura de múltiplos processos de liquidação secundários poderia ter. Sobre a destruição de valor que a abertura de processos em várias jurisdições pode envolver, KRISTIN VAN ZWIETEN, «An introduction to the European Insolvency Regulation, as made and as recast», in REINHARD BORK/KRISTIN VAN ZWIETEN (ed.), *Commentary on the European Insolvency Regulation*, OUP, Oxford, 2016, p. 6 e s.. Lembre-se também o teor do art. 21º, 1, e as consequências da abertura do processo secundário nos poderes do administrador da insolvência do processo principal. Mas a abertura de um processo secundário nem sempre é desvantajosa para o processo principal. Pode, até, ser vantajosa atendendo à composição do património do devedor: WOLF-GEORG RINGE, «Article 3 – International jurisdiction», in REINHARD BORK/KRISTIN VAN ZWIETEN (ed.), *Commentary on the European Insolvency Regulation*, cit., p. 161. Isto, obviamente, para já não falar na proteção dos credores locais que possa ser facultada pelos processos secundários. O

à distribuição e os «privilégios creditórios»[102]. Este último aspeto merece uma especial atenção. É que a lógica subjacente à admissibilidade de um processo territorial ou secundário é a de permitir alguma proteção aos «credores locais» perante a *lex fori concursus* do processo principal[103]. Mas isso não significa que os credores locais tenham a segurança de que serão colocados *na mesma situação em que ficariam se fosse aberto o processo secundário*. Não é isso que decorre do art. 36º, 1, do NR[104].

O regime descrito poderá permitir uma maior eficiência na tramitação do processo principal e alcançar soluções mais abrangentes. Não basta, porém, que o AI apresente a garantia. Esta tem que ser aprovada pelos credores locais conhecidos e respeitando as exigências do nº 5 do art. 36º, que remete para as «regras em matéria de maioria qualificada e de votação que se aplicam à adoção dos planos de recuperação nos termos da lei do Estado-Membro em que poderia ter sido aberto o processo secundário de insolvência»[105]. Sendo dada e aprovada, a garantia vincula o património (art. 36º, 6).

Além disso, se é dada a garantia de acordo com o art. 36º, a distribuição das receitas provenientes da liquidação dos bens, a graduação dos créditos e os direitos dos credores relativamente aos bens referidos no art. 36º, 1, têm como lei aplicável a do Estado-Membro em que o processo secundário poderia ter sido aberto (art. 36º, 2).

Porém, quando a garantia se torna vinculativa, o pedido de abertura de um processo secundário de insolvência fica sujeito ao prazo limite pre-

próprio administrador da insolvência do processo principal pode requerer a abertura de um processo secundário: art. 37º, 1, *a*).

[102] Embora sejam esses os termos que surgem na versão em língua portuguesa do Regulamento, parece estar em causa toda a graduação: na versão em língua inglesa surge escrito *priority rights* e na versão em língua francesa *droits de priorité*). Defendendo que o termo *Vorzugsrechte* deve ser «weit auszulegen», REINHART, «VO (EG) 2015/848 Art. 36 Recht, zur Vermeidung eines Sekundärinsolvenzverfahrens eine Zusicherung zu geben»», cit., Rn. 5. Convém lembrar o art. 8º do NR quanto aos «direitos reais de credores ou de terceiros» ali previstos.

[103] TASHIRO, «EuInsVO 2017 Art. 3 Internationale Zuständigkeit», in BRAUN, *Insolvenzordnung*, cit., Rn. 2.

[104] Aceitando inclusivamente uma cláusula *rebus sic stantibus*, MANKOWSKI, «EuInsVO 2017 Art. 36 Recht, zur Vermeidung eines Sekundärinsolvenzverfahrens eine Zusicherung zu geben», cit., Rn. 27.

[105] No Considerando (44) pode ler-se que, havendo «diferentes procedimentos para a adoção dos planos de recuperação nos termos da lei nacional, os Estados-Membros deverão designar o procedimento específico aplicável neste contexto».

visto no art. 37º, 3, do NR: 30 dias após receção do aviso da aprovação da garantia, embora pareça que tal prazo só vale para quem recebe esse aviso[106]. Isto significa que a prestação da garantia, mesmo que aprovada, não afasta totalmente a possibilidade de ser aberto um processo secundário. É que o Regulamento não exige que a garantia seja aprovada por todos os credores locais conhecidos e podem existir credores locais não conhecidos[107].

Mas é ainda preciso contar com o art. 38º, 2, do NR. Deste resulta que, se o AI do processo principal der uma garantia, nos termos do art. 36º[108], e pedir que não seja aberto um processo secundário, o órgão jurisdicional a que seja apresentado o pedido de abertura do processo secundário não abre esse processo «se considerar que a garantia protege adequadamente os interesses coletivos dos credores locais»[109] (se são os interesses *coletivos*, não são necessariamente os de *todos* os credores que tenham reclamado créditos, uma vez que o art. 45º, 1, do NR permite a qualquer credor apresentar essa reclamação[110]).

7.3. A suspensão da abertura do processo secundário

O art. 38º, 3, contém a possibilidade de o órgão jurisdicional[111], a pedido do AI ou do devedor não desapossado, suspender a abertura do processo secundário se «tiver sido ordenada uma suspensão temporária da ação exe-

[106] Considerando que na realidade só os credores locais são afetados, Reinhart, «VO (EG) 2015/848 Art. 37 Recht auf Beantragung eines Sekundärinsolvenzverfahrens», cit., Rn. 4; com dúvidas quanto aos destinatários do aviso, Mankowski, «EuInsVO 2017 Art. 37 Recht auf Beantragung eines Sekundärinsolvenzverfahrens», in Peter Mankowski/Michael Müller/Jessica Schmidt, *EuInsVO 2015. Europäische Insolvenzverordnung 2015. Kommentar*, cit., Rn. 42, mas considerando aplicável à contagem o Regulamento (CEE/Euratom) 1182/71.

[107] Lembrando isso mesmo, Mankowski, «EuInsVO 2017 Art. 36 Recht, zur Vermeidung eines Sekundärinsolvenzverfahrens eine Zusicherung zu geben», in Peter Mankowski/Michael Müller/Jessica Schmidt, *EuInsVO 2015. Europäische Insolvenzverordnung 2015. Kommentar*, cit., Rn. 11.

[108] Trata-se, portanto, da garantia que foi aprovada de acordo com o disposto no art. 36º, 5: Reinhart, «VO (EG) 2015/848 Art. 38 Entscheidung zur Eröffnung eines Sekundärinsolvenzverfahrens», cit., Rn. 8.

[109] Cfr. a definição do art. 2º, 11), bem como o art. 36º, 11, do NR.

[110] Mankowski, «EuInsVO 2017 Art. 36 Recht, zur Vermeidung eines Sekundärinsolvenzverfahrens eine Zusicherung zu geben», cit., Rn. 13.

[111] O órgão jurisdicional a que é pedido para abrir o processo secundário, parece. Cfr. a definição de órgão jurisdicional do art. 2º, 6.

cutiva individual» e «a fim de permitir a realização de negociações entre o devedor e os seus credores». A suspensão temporária da ação executiva individual a ter em conta é a que possa ter ocorrido no Estado-Membro do processo principal, como aliás se lê no Considerando (45)[112]. A suspensão pode ter lugar por um período máximo de três meses, mas é necessário que «tenham sido tomadas medidas adequadas para proteger os interesses dos credores locais»[113]. A suspensão em causa é apenas a da abertura do processo secundário[114].

O mesmo nº 3 permite que o órgão jurisdicional a que é apresentado o pedido de abertura do processo secundário ordene medidas cautelares para proteger os credores locais. Pode, assim, exigir que o administrador da insolvência ou o devedor não desapossado «não transfira nem aliene bens localizados no Estado-Membro onde se situa o seu estabelecimento», ficando ressalvados os casos em que tal ocorra «no decurso normal das atividades». A menos que tal seja incompatível com as regras nacionais de processo civil, o órgão jurisdicional pode também, durante o período de suspensão da abertura do processo secundário, «ordenar medidas para proteger os interesses dos credores locais».

8. O estabelecimento

Para ser aberto um processo secundário segundo o VR era necessária, em regra, a abertura prévia de um processo principal. Mas havia casos em que era possível abrir um processo «territorial», nos termos do art. 3º, 2 e 4, do VR, sem a prévia abertura do processo principal. Os efeitos desses processos eram limitados aos bens do devedor que se encontrassem no território do Estado-Membro em que se situava o estabelecimento[115].

[112] Deste Considerando também se retira que se visa «preservar a eficiência da suspensão ordenada no processo principal de insolvência».

[113] Sobre o levantamento da suspensão, v. o art. 38º, 3, 3º e 4º par..

[114] REINHART, «VO (EG) 2015/848 Art. 38 Entscheidung zur Eröffnung eines Sekundärinsolvenzverfahrens», cit., Rn. 21.

[115] Nem sempre é fácil determinar onde se encontram os bens do devedor: v. WOLF-GEORG RINGE, «Article 3 – International jurisdiction», in REINHARD BORK/KRISTIN VAN ZWIETEN (ed.), *Commentary on the European Insolvency Regulation*, cit., p. 172. O autor lembra ainda que pode ser complicado identificar os bens que devem ser tratados no âmbito do processo principal e os que devem ser abrangidos no processo secundário, chamando a atenção para a decisão do TJUE no caso Nortel Networks, C-649/13.

Este regime também se encontra no NR. Tanto os processos secundários como os (puramente) territoriais[116] só podem ser abertos em Estados-Membros onde exista um estabelecimento do devedor[117]. Mas no NR o estabelecimento surge definido em termos diferentes.

No VR era estabelecimento «o local de operações em que o devedor exerça de maneira estável uma atividade económica com recurso a meios humanos e a bens materiais» (art. 2º, *h)*).

No NR é estabelecimento «o local de atividade em que o devedor exerça, *ou tenha exercido*, de forma estável, uma atividade económica, com recurso a meios humanos e a bens materiais, *nos três meses anteriores à apresentação do pedido de abertura do processo principal de insolvência*»[118].

Em primeiro lugar, interessa o que aparece para fora, e não as meras intenções do devedor[119]. Por outro lado, o exercício da atividade deve ser estável[120]. Quanto aos meios humanos e aos bens materiais a que o devedor recorre, não é necessário que seja entidade patronal dos primeiros e proprietário dos segundos[121].

[116] Também designado por vezes «processo territorial independente» («independente territorial proceedings»): cfr. o *Report on the Convention of Insolvency Proceedings*, de Miguel Virgos/Etienne Schmit, ponto 84, e Wolf-Georg Ringe, «Article 3 – International jurisdiction», in Reinhard Bork/Kristin van Zwieten (ed.), *Commentary on the European Insolvency Regulation*, cit., p. 173. O O DL 79/2017 introduz um novo nº 4 no art. 294º: «Sempre que seja aplicável o Regulamento (UE) nº 2015/848 do Parlamento Europeu e do Conselho, de 20 de maio de 2015, o processo particular é designado por processo territorial de insolvência até que seja aberto um processo principal, caso em que passa a ser designado por processo secundário».

[117] De acordo com o art. 34º NR, se «o processo principal de insolvência tiver exigido que o devedor seja insolvente, a insolvência do devedor não pode ser reexaminada no Estado-Membro em que pode ser aberto um processo secundário de insolvência». Cfr., tb., o art. 27º do VR, embora em termos não tão peremptórios. Mas, por outro lado, o NR só afasta o reexame se no processo principal se exigir que o devedor «seja insolvente». Quando não o exija, o reexame já pode ter lugar no âmbito do processo secundário: v. Reinhart, «VO (EG) 2015/848 Art. 34 Verfahrenseröffnung», in Hans-Peter Kirchhof/Horst Eidenmüller/Rolf Stürner (her), *Münchener Kommentar zur Insolvenzordnung*, cit., Rn. 4.

[118] No seu Acórdão de 4.9.2014, proferido no Proc. C-327/13 (Burgo Group), o TJ entendeu que «é pacífico que a definição que consta do artigo 2º, alínea *h)*, do regulamento não contém nenhuma referência ao local da sede estatutária da sociedade devedora ou à forma jurídica do local de operações em causa. Como tal, não exclui, atendendo à sua redação, que um estabelecimento, para efeitos dessa disposição, possa ser dotado de personalidade jurídica [...]».

[119] Mankowski, «EuInsVO 2017 Art. 3 Internationale Zuständigkeit», cit., Rn. 138.

[120] V., com interesse, as decisões nos casos Interedil, já referido, e Burgo Group, C-327/13.

[121] Mankowski, «EuInsVO 2017 Art. 3 Internationale Zuständigkeit», cit., Rn. 146.

O devedor pode ter a sede estatutária no mesmo Estado-Membro em que tem um estabelecimento, o que pode ter especial interesse se é afastada a presunção de que o Estado-Membro da sede é o do CIP[122]. O CIP pode estar situado também nesse mesmo Estado-Membro ou não. Mas a simples sede estatutária não é, só por si, um estabelecimento[123].

No NR é considerado relevante o período de «*três meses anteriores à apresentação do pedido de abertura do processo principal de insolvência*» (requisito temporal). Não parece suscitar problemas a aplicação do requisito quanto aos casos em que o devedor tinha um estabelecimento num Estado-Membro e o encerrou antes da apresentação do pedido de abertura do processo principal de insolvência[124].

É, porém, estranho que o NR pareça aplicar o requisito temporal aos casos em que o devedor exerce ainda a atividade num Estado-Membro «com recurso a meios humanos e bens materiais». Na verdade, as redações em língua inglesa, alemã e francesa vão no sentido de apenas estabelecer a ligação entre o requisito temporal e os casos em que o devedor exerceu a atividade (não para os casos em que exerce)[125]. Deve, assim, ser feita uma interpretação restritiva do art. 2º, 10, na sua redação em língua portuguesa. O requisito temporal visará combater o *forum shopping*. Evitará, por exem-

[122] V., com interesse, Burgo v. Illochroma, C-327/13, e o Considerando (24).

[123] Em termos próximos, MANKOWSKI, «EuInsVO 2017 Art. 3 Internationale Zuständigkeit», cit., Rn. 148, e WOLF-GEORG RINGE, «Article 3 – International jurisdiction», in REINHARD BORK/KRISTIN VAN ZWIETEN (ed.), *Commentary on the European Insolvency Regulation*, cit., p. 168.

[124] Parece, porém, que nos casos em que já não há estabelecimento o requisito temporal só será relevante se o processo principal foi aberto: sobre o tema, GABRIEL MOSS/TOM SMITH, «Recast Regulation 2015/848 on Insolvency Proceedings», in GABRIEL MOSS/IAN FLETCHER/STUART ISAACS (ed.), *The EU Regulation on insolvency proceedings*, cit., p. 442, parecendo ocnsiderar que o pedido de abertura do processo principal é o que teve sucesso.

[125] Vejamos as diferentes versões mencionadas: «any place of operations where a debtor carries out or has carried out in the 3-month period prior to the request to open main insolvency proceedings a non-transitory economic activity with human means and assets», « jeden Tätigkeitsort, an dem der Schuldner einer wirtschaftlichen Aktivität von nicht vorübergehender Art nachgeht oder in den drei Monaten vor dem Antrag auf Eröffnung des Hauptinsolvenzverfahrens nachgegangen ist, die den Einsatz von Personal und Vermögenswerten voraussetzt», « tout lieu d'opérations où un débiteur exerce ou a exercé au cours de la période de trois mois précédant la demande d'ouverture de la procédure d'insolvabilité principale, de façon non transitoire, une activité économique avec des moyens humains et des actifs».

plo, que, uns dias antes da apresentação do pedido de abertura do processo principal, seja encerrado um estabelecimento num Estado-Membro só para impedir a abertura de um processo secundário de insolvência[126].

A atividade pode já ter cessado («tenha exercido») em determinado local e isso não afastar a possibilidade de abertura do processo secundário[127], assim se eliminando algumas dificuldades sentidas em casos de encerramento do estabelecimento após a data do pedido de abertura do processo principal[128]. Encerramento esse que poderia ter ocorrido para evitar a abertura do processo secundário[129].

Além disso, o requisito temporal só pode aplicar-se se houve pedido de abertura do processo principal. E não faria sentido que tivesse que ser apresentado esse pedido para que a definição de estabelecimento fosse aplicável: basta ver o que decorre do art. 3º, 3 e 4, do NR.

Também não é claro o regime (e devia ser) se o devedor encerrou há menos de três meses antes do pedido de abertura do processo principal o estabelecimento num Estado-Membro e, entretanto, abre outro estabelecimento em Estado-Membro diferente (que não o do centro dos interesses principais). A letra do art. 2º, 10, não parece afastar esses casos[130].

[126] Pode também perguntar-se se no estabelecimento já deveria estar a ser exercida a atividade no momento inicial da contagem do prazo de três meses. Com dúvidas, IAN FLETCHER, «Scope and Jurisdiction», in GABRIEL MOSS/IAN FLETCHER/STUART ISAACS (ed.), *The EU Regulation on insolvency proceedings*, cit., p. 66: «it is unclear whether it is necessary that the establishment must have been fully operational throughout the three-month period before the request to open main proceedings, or whether it is sufficient to be able to demonstrate that the establishment was in active operation at some time within that period».

[127] Sobre a influência do Lehne Report na redação final do preceito, WOLF-GEORG RINGE, «Article 3 – International jurisdiction», in REINHARD BORK/KRISTIN VAN ZWIETEN (ed.), *Commentary on the European Insolvency Regulation*, cit., p. 169.

[128] IAN FLETCHER, «Scope and Jurisdiction», in GABRIEL MOSS/IAN FLETCHER/STUART ISAACS (ed.), *The EU Regulation on insolvency proceedings*, cit., p. 66. Sobre o caso EMTec e as vantagens que a nova solução traria, WOLF-GEORG RINGE, «Article 3 – International jurisdiction», in REINHARD BORK/KRISTIN VAN ZWIETEN (ed.), *Commentary on the European Insolvency Regulation*, cit., p. 164 e s..

[129] Lembrando o caso da Olympic Airlines SA apreciado pelo *Supreme Court* do Reino Unido, GABRIEL MOSS/TOM SMITH, «Recast Regulation 2015/848 on Insolvency Proceedings», in GABRIEL MOSS/IAN FLETCHER/STUART ISAACS (ed.), *The EU Regulation on insolvency proceedings*, cit., p. 441, nt. 28.

[130] THOLE, «VO (EG) 2015/848 Art. 2 Begriffsbestimmungen», cit., Rn. 15, embora comece por dizer que a solução oferece dúvidas, acaba por considerar que só haverá estabelecimento

Parece que será então possível abrir um processo secundário em cada um dos Estados mencionados. É certo que na versão em língua portuguesa apenas se faz referência a «local». Mas na versão em língua inglesa lê-se «any local», na versão em língua alemã «jeden Tätigkeitsört» e na versão em língua francesa «tout lieu»...

Os requisitos para se abrir um processo territorial sem prévio processo principal também mudam[131] ligeiramente. De acordo com o art. 3º, 4, o «processo territorial de insolvência referido no nº 2 só pode ser aberto antes da abertura de um processo principal de insolvência nos termos do nº 1, caso: *a)* Não seja possível abrir um processo de insolvência ao abrigo do nº 1 em virtude das condições estabelecidas na lei do Estado-Membro em cujo território se situa o centro dos interesses principais do devedor; ou *b)* A abertura do processo territorial de insolvência seja requerida por: *i)* um credor cujo crédito decorra da exploração, ou esteja relacionado com a exploração, de um estabelecimento situado no território do Estado-Membro em que é requerida a abertura do processo territorial, *ii)* uma autoridade pública que, nos termos da lei do Estado-Membro em cujo território o estabelecimento está situado, tenha o direito de requerer a abertura de um processo de insolvência».

Torna-se, assim, claro que o processo territorial pode ser aberto a requerimento de autoridade pública se esta pode requerer a abertura de um processo de insolvência à luz da lei do Estado-Membro em cujo território se situa o estabelecimento. E isto independentemente de ser credora ou não[132].

no Estado de destino e que o requisito temporal do art. 2º, 10), tem em vista os casos em que a atividade relevante cessou.

[131] Como é sabido, discutem-se as vantagens e desvantagens do princípio da territorialidade e do princípio da universalidade. V., p. ex., a propósito da «eficient allocation of capital», Lucian Bebchuk/Andrew Guzman, «An Economic Analysis of Transnational Bankruptcies», cit., p. 778 e ss..

[132] Tashiro, «EuInsVO 2017 Art. 3 Internationale Zuständigkeit», in Braun, *Insolvenzordnung*, cit., Rn. 37. A importância da alteração é clara tendo em conta a decisão proferida pelo TJ no caso Zasa Retail, Proc. C-112/10 e a posição restritiva ali adotada quanto ao conceito de «credor». Sobre a história da alteração, Wolf-Georg Ringe, «Article 3 – International jurisdiction», in Reinhard Bork/Kristin van Zwieten (ed.), *Commentary on the European Insolvency Regulation*, cit., p. 175, lembrando em particular a importância da mesma para os fundos de garantia salarial que ainda não sejam credores. O autor também realça que o direito de requerer a abertura tem de ser conferido pela lei do Estado-Membro do estabelecimento e que, por isso, o NR não resolve o problema do caso Zaza Retail BV.

Por outro lado, afasta-se a possibilidade de um credor requerer a abertura de processo territorial só porque tem residência habitual, domicílio ou sede no Estado-Membro do estabelecimento (v. art. 3º, 4, *b*), do VR). Em vez disso, a segunda possibilidade aberta pelo nº 4 exige que o requerente seja um credor cujo crédito decorra da exploração do estabelecimento situado no Estado-Membro em que é requerida a abertura do processo territorial (hipótese muito próxima da que constava já do VR) ou, pelo menos, esteja relacionado com a exploração desse estabelecimento (e aqui já parece haver novidades relativamente ao VR). Os créditos abrangidos não são apenas os que tenham origem contratual[133].

Além disso, o NR também esclarece que, se foi iniciado um processo territorial antes de ser aberto um processo principal, o processo territorial passa a secundário quando é aberto o processo principal[134].

Mas, como se lê no Considerando (25), o regulamento «aplica-se exclusivamente aos processos relativos ao devedor cujo centro dos interesses principais está situado na União». E isso vale também para a aplicação das normas relativas ao processo territorial.

9. A verificação oficiosa da competência

Com o art. 4º, 1, do NR o órgão jurisdicional «ao qual é apresentado o pedido de abertura de um processo de insolvência» fica obrigado a «verificar oficiosamente a sua competência, nos termos do art. 3º. A decisão de abertura do processo de insolvência[135] indica os fundamentos que determinam a competência do órgão jurisdicional e, em especial, se a mesma decorre do artigo 3º, nºs 1 ou 2»[136]. Eventualmente, a verificação da competência pode ser confiada ao AI (art. 4º, 2, do NR)[137].

[133] Mankowski, «EuInsVO 2017 Art. 3 Internationale Zuständigkeit», cit., Rn. 197, que exclui créditos resultantes de «Durchgriffshaftung».

[134] No que diz respeito aos casos em que não é possível abrir um processo principal no Estado-Membro do CIP não há alterações relevantes. Sobre o requisito, v., com interesse, a decisão do TJUE no caso Zaza Retail BV, C-112/10.

[135] Sobre o que esta seja já algo foi dito acima.

[136] O art. 271º do CIRE já estabelecia que, nos casos em que resultasse do processo «a existência de bens do devedor situados noutro Estado membro da União Europeia», teriam de ser indicadas na sentença de declaração de insolvência «sumariamente as razões de facto e de direito que justificam a competência dos tribunais portugueses, tendo em conta o disposto no nº 1 do artigo 3º do Regulamento (CE) nº 1346/2000 [...]». Porém, esse preceito surgia no Título XIV, que o DL 79/2017 revogou. Defendendo que, à luz do NR (e apenas a essa luz),

A solução parece ter como fundamento o facto de em alguns Estados-Membros o processo de insolvência ser aberto sem um controlo da verificação dos devidos pressupostos, o que levantaria problemas sérios perante o teor do art. 19º do NR[138] e facilitaria o *forum shopping*[139].

O cumprimento do dever mencionado tornar-se-á mais fácil com os registos de insolvências previstos no art. 24º e com a interligação dos mesmos, nos termos do art. 25º. Por sua vez, o Considerando (32) esclarece que em «todos os casos, se as circunstâncias específicas derem azo a dúvidas acerca da competência do órgão jurisdicional, este deverá requerer ao devedor a apresentação de elementos de prova adicionais justificativos das suas alegações e, se a lei aplicável ao processo de insolvência o permitir, dar aos credores do devedor a oportunidade de apresentarem as suas observações relativamente à questão da competência». Mas, por outro lado, o requerente deve preparar o pedido de abertura do processo de insolvência contando com aquele dever[140]. Tanto mais que o dever de verificação da competência de que trata o art. 4º do NR não se confunde com um dever de averiguação oficiosa de factos[141]. É certo que o CIRE consagra o princípio do inquisitório no seu art. 7º, mas sempre se poderá perguntar a partir de que momento terá aplicação[142].

bastará que o juiz, se for o caso, se declare competente «de acordo com o art. 3º, 1» («kann es genugen, wenn das Gericht feststellt, es sei nach Art. 3 Abs. 1 zuständig»), THOLE, «VO (EG) 2015/848 Art. 4 Prüfung der Zuständigkeit», cit., Rn. 4; em termos próximos, MANKOWSKI, «EuInsVO 2017 Art. 4 Prüfung der Zuständigkeit», cit., Rn. 15.

137 Existe, ainda assim, a possibilidade de impugnação prevista no art. 5º.

138 MANKOWSKI, «EuInsVO 2017 Art. 4 Prüfung der Zuständigkeit», in PETER MANKOWSKI/ MICHAEL MÜLLER/JESSICA SCHMIDT, *EuInsVO 2015. Europäische Insolvenzverordnung 2015. Kommentar*, cit., Rn. 1. Sobre os processos de *administration* e os casos em que podem ser abertos sem decisão de um órgão jurisdicional, TASHIRO, «EuInsVO 2017 Art. 4 Prüfung der Zuständigkeit», in BRAUN, *Insolvenzordnung*, cit., Rn. 18, nt. 11.

139 WOLF-GEORG RINGE, «Article 4 – Examination as to jurisdiction», in REINHARD BORK/ KRISTIN VAN ZWIETEN (ed.), *Commentary on the European Insolvency Regulation*, cit., p. 186.

140 E há vozes afirmando que deixou de ser possível ao juiz converter um pedido de abertura de processo principal em pedido de abertura de processo secundário ou vice-versa: TASHIRO, «EuInsVO 2017 Art. 4 Prüfung der Zuständigkeit», in BRAUN, *Insolvenzordnung*, cit., Rn. 21. Sobre as dificuldades que o art. 4º transporta consigo no que diz respeito ao papel do órgão jurisdicional, THOLE, «VO (EG) 2015/848 Art. 4 Prüfung der Zuständigkeit», cit., Rn. 3.

141 MANKOWSKI, «EuInsVO 2017 Art. 4 Prüfung der Zuständigkeit», cit., Rn. 8.

142 V., em particular, a definição de «momento da abertura do processo» contida no art. 2º, 8).

Por outro lado, o NR não parece conferir expressamente um direito à abertura de um processo secundário quando estão preenchidos os requisitos para tal. O mesmo já tinha sido antes reconhecido na decisão do TJUE no caso Burgo v. Illochroma[143].

10. Regras sobre publicidade

No VR encontrava-se estabelecido que, se era aberto um processo de insolvência principal no Estado-Membro do CIP do devedor, os processos de insolvência que fossem posteriormente abertos noutros Estados-Membros deveriam ser processos secundários e de liquidação (art. 3º, 3)[144]. Mas o funcionamento desse regime deveria ser acompanhado de um sistema de publicidade a nível europeu que permitisse identificar o processo principal.

O NR contém vários preceitos sobre publicidade do processo de insolvência (arts. 24º-30º e 78º-83º), sendo de destacar a intenção de criar um sistema de interligação dos registos de insolvências, que será constituído «pelos registos de insolvências e pelo Portal Europeu da Justiça (art. 25º, 1, do NR)[145].

11. Deveres de cooperação e comunicação entre administradores da insolvência, entre órgãos jurisdicionais e entre administradores da insolvência e órgãos jurisdicionais

No art. 31º VR já surgiam mencionados deveres de cooperação e comunicação. No entanto, só abrangiam os síndicos. Agora, esses deveres são reforçados consideravelmente no art 41º quanto aos administradores de insolvência, encontrando-se inclusivamente prevista a possibilidade de celebração de acordos ou protocolos[146] e a necessidade de o AI do processo

[143] Caso C-327/13. V., sobre isto, Wolf-Georg Ringe, «Article 3 – International jurisdiction», in Reinhard Bork/Kristin van Zwieten (ed.), *Commentary on the European Insolvency Regulation*, cit., p. 171.

[144] No entanto, o processo de liquidação pode ser encerrado através de concordata ou outra medida que ponha fim à situação de insolvência: art. 2º, *c)*, VR. Sobre os processos de liquidação, v. tb. o Anexo B do Regulamento. Também aqui o NR contém modificações: v. o art. 3º, 3.

[145] Daí também a importância dada às questões relacionadas com a proteção de dados (arts. 78º e ss. NR): v. Reinhart, «VO (EG) 2015/848 Vorbemerkungen vor Art. 1», in Hans-Peter Kirchhof/Horst Eidenmüller/Rolf Stürner (her), *Münchener Kommentar zur Insolvenzordnung*, cit., Rn. 2.

[146] Sobre as vantagens dos protocolos para evitar comportamentos oportunísticos e custos de transação, Mankowski, «EuInsVO 2017 Art. 41 Zusammenarbeit und Kommunikation

secundário dar ao AI do processo principal a possibilidade de «apresentar, em tempo útil, propostas relativas à liquidação ou utilização dos bens do processo secundário de insolvência» (nº 2, *c*))[147]. O regime abrange (com as devidas adaptações) os casos em que «no processo principal ou secundário de insolvência ou em qualquer processo de insolvência territorial relativos ao mesmo devedor e pendentes no mesmo momento, o devedor se mantém na posse dos seus bens» (art. 41º, 3).

No NR também encontramos referência a deveres de cooperação e comunicação entre órgãos jurisdicionais e entre administradores da insolvência e órgãos jurisdicionais

O art. 42º trata da cooperação e comunicação entre órgãos jurisdicionais e reconhece a possibilidade de, para essa cooperação, aqueles órgãos designarem «uma pessoa ou um organismo independente que atue de acordo com as suas instruções». A cooperação pode, inclusivamente, estender-se à coordenação para a nomeação dos AI (art. 42º, 3, *a*))[148].

Por sua vez, o art. 43º do NR trata da cooperação e comunicação entre administradores da insolvência e órgãos jurisdicionais[149] a «fim de facilitar a coordenação do processo principal e dos processos territoriais e secundários de insolvência relativos ao mesmo devedor». Os contactos ali previstos podem ter lugar diretamente[150].

O Considerando (48) contém referência a um dever de ter em conta as «boas práticas de cooperação em casos de insolvência transfronteiriça, resultantes dos princípios e orientações em matéria de comunicação e coo-

der Verwalter», in PETER MANKOWSKI/MICHAEL MÜLLER/JESSICA SCHMIDT, *EuInsVO 2015. Europäische Insolvenzverordnung 2015. Kommentar*, cit., Rn. 63.

147 O AI do processo secundário não tem que seguir essas propostas: MANKOWSKI, «EuInsVO 2017 Art. 41 Zusammenarbeit und Kommunikation der Verwalter», cit., Rn. 77.

148 A articulação deste regime com os preceitos de direito interno pode revelar-se difícil. E a nomeação de um único AI para o processo principal e para os processos secundários não é sempre desejável: sobre a matéria, MANKOWSKI, «EuInsVO 2017 Art. 42 Zusammenarbeit und Kommunikation der Gerichte», in PETER MANKOWSKI/MICHAEL MÜLLER/JESSICA SCHMIDT, *EuInsVO 2015. Europäische Insolvenzverordnung 2015. Kommentar*, cit., Rn. 19.

149 Embora só esteja prevista a cooperação e comunicação do AI com o órgão jurisdicional, e não o contrário: MANKOWSKI, «EuInsVO 2017 Art. 43 Zusammenarbeit und Kommunikation zwischen Verwaltern und Gerichten», in PETER MANKOWSKI/MICHAEL MÜLLER/JESSICA SCHMIDT, *EuInsVO 2015. Europäische Insolvenzverordnung 2015. Kommentar*, cit., Rn. 2. O autor considera o art. 43º aplicável aos casos em que o devedor é não desapossado.

150 MANKOWSKI, «EuInsVO 2017 Art. 43 Zusammenarbeit und Kommunikation zwischen Verwaltern und Gerichten», cit., Rn. 1.

peração adotados por organizações europeias e internacionais que atuem no domínio da lei em matéria de insolvência, em especial as orientações relevantes da Comissão das Nações Unidas para o Direito Comercial Internacional (CNUDCI)»[151].

As circunstâncias determinarão se a cooperação é mais ou menos fácil. Muita coisa dependerá da atitude dos próprios credores, bem como dos tipos de processos em causa. Será mais fácil a cooperação se todos os processos forem, por exemplo, de liquidação[152].

12. A abertura de diferente processo de insolvência

O NR prevê no art. 38º, 4, a possibilidade de o AI no processo principal requerer em certos casos ao órgão jurisdicional competente para a abertura de um processo secundário a *abertura* de um «tipo de processo de insolvência enumerado no anexo no anexo A diferente do inicialmente requerido». Trata-se, evidentemente, da abertura de um diferente tipo de processo secundário. Necessário é, porém, que: *a)* Estejam preenchidas as condições para a abertura desse outro tipo de processo de acordo com a lei nacional; *b)*, Esse tipo de processo seja o mais adequado no que respeita aos interesses dos credores locais; e *c)* Esse tipo de processo seja o mais adequado no que respeita à coerência entre o processo principal e os processos secundários de insolvência[153].

[151] Cfr., com interesse, o *UNCITRAL Practice Guide on Cross-Border Insolvency Cooperation 2009*, o *Internationl Guide on Judicial Cooperation in Europe (Conseil National des Administrateurs et des Mandataires Judiciaires)*, as *European Communication and Cooperation Guidelines for Cross-Border Insolvency (INSOL Europe)*, também conhecidas como *CoCo Guidelines*, e os *Global Principles for Cooperation in International Insolvency Cases, 2012* (ALI/III). Lembrando os *EU Cross-Border Insolvency Court-to-Court Principles (EU JudgeCo Principles)*, incluindo as *EU Guidelines for Court-to-Court Communications in International Insolvency Cases (EU JudgeCo Guidelines)*, MANKOWSKI, «EuInsVO 2017 Art. 42 Zusammenarbeit und Kommunikation der Gerichte», in PETER MANKOWSKI/MICHAEL MÜLLER/JESSICA SCHMIDT, *EuInsVO 2015. Europäische Insolvenzverordnung 2015. Kommentar*, cit., Rn. 3. V. tb., com análise pormenorizada das *CoCo Guidelines*, dos *EU JudgeCo Guidelines* e do *UNCITRAL Practice Guide on Cross-Border Insolvency Cooperation*, WOLF-GEORG RINGE, «Article 3 – International jurisdiction», in REINHARD BORK/KRISTIN VAN ZWIETEN (ed.), *Commentary on the European Insolvency Regulation*, cit., p. 465 e ss..

[152] MANKOWSKI, «EuInsVO 2017 Art. 41 Zusammenarbeit und Kommunikation der Verwalter», in PETER MANKOWSKI/MICHAEL MÜLLER/JESSICA SCHMIDT, *EuInsVO 2015. Europäische Insolvenzverordnung 2015. Kommentar*, cit., Rn. 46.

[153] O art. 38º, 4, considera ainda aplicável o «segundo período do artigo 34º».

Por sua vez, o art. 51º do NR admite a convolação de um processo secundário *já aberto* «noutro tipo de processo de insolvência enumerado no Anexo A», mais uma vez verificados certos pressupostos. O VR previa a conversão no seu art. 37º.

13. As ações decorrentes diretamente do processo e com ele estreitamente relacionadas

O art. 6º, 1, do NR diz respeito a *ações* que decorram *diretamente* do processo de insolvência e que estejam com este *estreitamente relacionadas*. A sua importância é facilmente identificável se nos lembrarmos do teor do Acórdão do TJ de 12.2.2009, proferido no Proc. C-339/07 (Deko Marty)[154]. O Tribunal decidiu da seguinte forma: «O artigo 3º, nº 1, do Regulamento (CE) nº 1346/2000 do Conselho, de 29 de Maio de 2000, relativo aos processos de insolvência, deve ser interpretado no sentido de que os órgãos jurisdicionais do Estado-Membro em cujo território foi dado início ao processo de insolvência têm competência para conhecer de uma acção revogatória baseada na insolvência e proposta contra um demandado cuja sede estatutária se situa noutro Estado-Membro». Tratava-se, porém, de algo que se discutia no âmbito do VR e que também obrigava a ter em conta a necessidade de articulação com o Regulamento Bruxelas I (Regulamento (UE) 1215/2012)[155].

No NR, os órgãos jurisdicionais onde forem abertos os processos de insolvência nos termos do art. 3º são também competentes para «apreciar

[154] A decisão no caso Deko Marty foi considerada como a «birth hour» da regra «vis attractiva concursus»: Wolf-Georg Ringe, «Article 6 – Jurisdiction for actions which derive directly from the insolvency proceedings and are closely linked with them», in Reinhard Bork/Kristin van Zwieten (ed.), *Commentary on the European Insolvency Regulation*, cit., p. 203. Recordando também o caso Schmid/Hertel, Mankowski, «EuInsVO 2017 Art. 6 Zuständigkeit für Klagen, die unmittelbar aus dem Insolvenzverfahren hervorgehen und in engem Zusammenhang damit stehen », in Peter Mankowski/Michael Müller/Jessica Schmidt, *EuInsVO 2015. Europäische Insolvenzverordnung 2015. Kommentar*, cit., Rn. 11.

[155] Como escreve Mankowski, «EuInsVO 2017 Art. 6 Zuständigkeit für Klagen, die unmittelbar aus dem Insolvenzverfahren hervorgehen und in engem Zusammenhang damit stehen », cit., Rn. 1, procurou-se evitar uma «terra de ninguém» entre os dois Regulamentos. Sobre a relação entre o VR e o Regulamento Bruxelas I, Wolf-Georg Ringe, «Article 6 – Jurisdiction for actions which derive directly from the insolvency proceedings and are closely linked with them», in Reinhard Bork/Kristin van Zwieten (ed.), *Commentary on the European Insolvency Regulation*, cit., p. 203 e s..

as ações que decorram diretamente do processo de insolvência e que com este se encontrem estreitamente relacionadas, como as ações de impugnação pauliana» (nº 1)[156]. Mas as «ações paulianas»[157] mencionadas no Regulamento não parecem abranger todas as ações de impugnação pauliana dos arts. 610º e ss..

O Considerando (35) faz ainda referência às «ações relativas a obrigações que se constituam durante o processo de insolvência»[158]. Estamos, evidentemente, perante uma solução que apenas diz respeito à competência internacional[159], mas que pode ter sérias consequências para os demandados. Estes são arrastados para Estados-Membros com que podem não ter ligação, o que poderá suscitar dificuldades em sede de execução.

Nos casos em que uma ação mencionada no nº 1 do art. 6º estiver «relacionada com uma ação em matéria civil e comercial contra o mesmo requerido», o nº 2 confere ao AI poderes para «instaurar ambas as ações nos órgãos jurisdicionais do Estado-Membro do domicílio do requerido ou, se a ação for instaurada contra vários requeridos, nos órgãos jurisdicionais do Estado-Membro do domicílio de algum deles, desde que esses órgãos jurisdicionais sejam competentes ao abrigo do Regulamento (UE) nº

[156] A competência parece ser exclusiva: nesse sentido, Mankowski, «EuInsVO 2017 Art. 6 Zuständigkeit für Klagen, die unmittelbar aus dem Insolvenzverfahren hervorgehen und in engem Zusammenhang damit stehen », cit., Rn. 27 (mas dando conta de posições contrárias). No entanto, é necessário ter em conta o disposto no art. 21º do NR quanto aos poderes do AI.

[157] Nas versões do Regulamento noutras línguas, vemos, p. ex.: azioni revocatorie, acciones revocatorias, Anfechtungsklagen, avoidance actions, actions révocatoires. Defendendo que só estarão abrangidas ações que também podem ser utilizadas no âmbito de um processo de insolvência («nur eine solche, die auch innerhalb eines Insolvenzverfahrens geltend gemacht wird, nicht etwa die Gläubigeranfechtungskalge»), Thole, «VO (EG) 2015/848 Art. 6 Zuständigkeit für Klagen, die unmittelbar aus dem Insolvenzverfahren hervorgehen und in engem Zusammenhang damit stehen», in Hans-Peter Kirchhof/Horst Eidenmüller/Rolf Stürner (her), *Münchener Kommentar zur Insolvenzordnung*, cit., Rn. 4.

[158] Porém, no mesmo Considerando também se lê que «as ações relativas ao cumprimento das obrigações nos termos de um contrato celebrado pelo devedor antes da abertura do processo 5.6.2015 L 141/22 Jornal Oficial da União Europeia PT não decorrem diretamente do processo». Sobre isso, com interesse, v. a decisão do TJUE no caso Nickel & Goeldner, C-157/13.

[159] Lembrando isso mesmo, Thole, «VO (EG) 2015/848 Art. 6 Zuständigkeit für Klagen, die unmittlebar aus dem Insolvenzverfahren hervorgehen und in engem Zusammenhang damit stehen», in Hans-Peter Kirchhof/Horst Eidenmüller/Rolf Stürner (her), *Münchener Kommentar zur Insolvenzordnung*, cit., Rn. 2 (no Rn. 2, o autor considera que a competência referida no nº 1 é «abschließend»).

1215/2012»[160]. São consideradas relacionadas para efeitos do nº 2 as «ações ligadas entre si por um nexo tão estreito que haja interesse em que sejam instruídas e julgadas conjuntamente para evitar decisões que poderiam ser inconciliáveis se as causas fossem julgadas separadamente» (art. 6º, 3)[161].

Com o art. 6º, 2, o AI (ou o devedor não desapossado) pode instaurar duas (ou mais) ações nos órgãos jurisdicionais do mesmo Estado-Membro, com as inerentes poupanças. E esse Estado-Membro não tem que ser o que resultaria do disposto no nº 1.

O art. 32º, 1, segundo parágrafo, ocupa-se das decisões «diretamente decorrentes do processo de insolvência e com ele estreitamente relacionadas, mesmo que proferidas por outro órgão jurisdicional». Ao mandar aplicar o anterior parágrafo a essas decisões, o Regulamento estabelece que essas mesmas decisões são «reconhecidas sem mais formalidades» e são executadas «nos termos dos artigos 39º a 44º e 47º a 57º do Regulamento (UE) n.o 1215/2012», o que permitirá superar muitas dificuldades[162].

14. Grupos de sociedades e insolvência

14.1. Uma grande novidade. O grupo de sociedades

A insolvência de sociedades integradas em grupos tem feito correr muita tinta. Desde logo, no que diz respeito à consolidação de processos ou de massas, temas que se revestem de enorme dificuldade. As propostas são muitas: desde total consolidação material (*substantive consolidation*), passando pela concentração de competência para todos os processos ou pela consolidação processual com várias massas e um administrador, até à mera coordenação de processos[163]. Os negócios entre as sociedades do grupo

[160] Agora, a competência parece não ser exclusiva, mas concorrente: v. MANKOWSKI, «EuInsVO 2017 Art. 6 Zuständigkeit für Klagen, die unmittelbar aus dem Insolvenzverfahren hervorgehen und in engem Zusammenhang damit stehen », Rn. 34. Sobre o conceito de domicílio (que não será o mesmo que residência habitual), v. os arts. 4º, 62º e 63º do Regulamento Bruxelas I.

[161] Cfr. tb., com utilidade, o Considerando (35) NR e o art. 30º do Regulamento Bruxelas I.

[162] IAN FLETCHER, «Scope and Jurisdiction», in GABRIEL MOSS/IAN FLETCHER/STUART ISAACS (ed.), *The EU Regulation on insolvency proceedings*, cit., p. 69, mostra como a solução do NR poderia ter conduzido em direção diferente no caso *Rubin v. Eurofinance SA*, decidido pelo *Supreme Court* do Reino Unido ([2012] UKSC 46).

[163] REINHART, «Vor Art. 56», in HANS-PETER KIRCHHOF/HORST EIDENMÜLLER/ROLF STÜRNER (her), *Münchener Kommentar zur Insolvenzordnung*, cit., Rn. 4. As objeções relativamente a uma consolidação material são conhecidas: destaco a necessidade de tutelar as expetativas dos credores de cada sociedade e as consequências que teria a solução oposta

podem fazer crescer a complexidade[164]. Quando as sociedades abrangidas no grupo estão espalhadas por várias jurisdições, os problemas aumentam.

O VR não encarava a questão da insolvência de grupos de sociedades, o que deu origem à proposta de soluções «criativas»[165]. No Acórdão do TJ de 9/12/1987 (*SAR Schotte GMBH c. Parfums Rotthschild SARL*, proc. 218/86), esteve em causa saber se uma sociedade totalmente dominada podia ser vista como um estabelecimento, muito embora a propósito do art. 5º, 5, da Convenção de Bruxelas de 27 de setembro de 1968 relativa à Competência Jurisdicional e à Execução de Decisões em Matéria Civil e Comercial. Apesar de a Convenção mencionada não ser aplicável às falências, concordatas e processos análogos (art. 1º, 2, *b)*), o seu art. 5º, 5, estabelecia que um Requerido podia ser demandado em Estado Contratante diferente daquele onde tinha domicílio se «se tratar de um litígio relativo à exploração de uma sucursal, de uma agência ou de qualquer outro estabelecimento, perante o tribunal do lugar da sua situação». No litígio que estava na origem do reenvio, a sociedade *Schotte*, de direito alemão, demandou na Alemanha a sociedade francesa *Parfums Rothschild* para exigir o pagamento de certas faturas relativas à venda de vaporizadores. Foi dado como provado que a negociação, encomenda, entregas e pagamentos no âmbito da relação em causa eram feitos por *Parfums Rothschild GmbH*, sociedade alemã, que foi considerada um mero prolongamento da *Parfums Rothschild* francesa, com membros comuns na direcção e com a mesma firma. A correspondência trocada relativamente a reclamações da compradora quanto

no plano das informações sobre as sociedades do grupo que teriam de ser obtidas antes da concessão de crédito (v., sobre isto, SCHMIDT, «EuInsVO 2017 Art. 56 Zusammenarbeit und Kommunikation der Verwalter », in PETER MANKOWSKI/MICHAEL MÜLLER/JESSICA SCHMIDT, *EuInsVO 2015. Europäische Insolvenzverordnung 2015. Kommentar*, cit., Rn. 5). No entanto, nos EUA o *Chapter 11* permite a consolidação material: sobre isto, GABRIEL MOSS/TOM SMITH, «Recast Regulation 2015/848 on Insolvency Proceedings (RR)», in GABRIEL MOSS/IAN FLETCHER/STUART ISAACS (ed.), *The EU Regulation on insolvency proceedings*, cit., p. 419-527, a p. 497. Dando também conta da realidade nos EUA, ANA PERESTRELO DE OLIVEIRA, «O novo regime dos grupos de sociedades no Regulamento europeu sobre insolvência transfronteiriça: primeira avaliação», in CATARINA SERRA (coord.), *IV Congresso de Direito da Insolvência*, Almedina, Coimbra, 2017, p. 205.

[164] Lembrando o *Cash-Pool-System* e os riscos de efeito-dominó, TSCHENTSCHER, «Vorbemerkung vor Art. 56-77» in BRAUN, *Insolvenzordnung*, cit., Rn. 3.

[165] SCHMIDT, «EuInsVO 2017 Art. 43 Zusammenarbeit und Kommunikation der Verwalter», in PETER MANKOWSKI/MICHAEL MÜLLER/JESSICA SCHMIDT, *EuInsVO 2015. Europäische Insolvenzverordnung 2015. Kommentar*, cit., Rn. 3.

aos vaporizadores parecia mesmo indicar, na ótica do TJ, que a sociedade alemã agia como «centro de operações» da sociedade francesa. Na decisão do TJ, ficou a constar que «O artigo 5º, nº 5 (...) deve ser interpretado no sentido de que se aplica ao caso de uma pessoa colectiva estabelecida num Estado contratante, ainda que não explorando uma sucursal, agência ou estabelecimento desprovido de autonomia noutro Estado contratante, aí exercer, no entanto, as suas actividades através de uma sociedade independente que tem o mesmo nome e a mesma direcção, que age e celebra negócios em seu nome e que ela utiliza como prolongamento» [166]. Se esta doutrina fosse aplicada no âmbito do VR, existiria o risco de o TJ vir a considerar que uma sociedade totalmente dominada era equivalente a um estabelecimento [167]. E isso permitiria que fosse aberto um processo territorial de insolvência ao abrigo do disposto no nº 2 do art. 3º do VR.

[166] O TJ baseou-se também no facto de na decisão de 22.XI.78, no processo *Somafer*, 33/78, *Recueil*, cit., p. 2183, ter sido considerado que «La notion de succursale, d'agence ou de tout autre établissement implique un centre d'opérations qui se manifeste d'une façon durable vers l'extérieur commme le prolongement d'une maison mère, pourvu d'une direction et matériellement équipé de façon à pouvoir négocier des affaires avec des tiers, de telle façon que ceux ci, tout en sachant qu'un lien de droit éventuel s'établira avec la maison mère don le siège est à l'étranger, sont dispénsé de s'adresser directement à celle-ci, et peuvent conclure des affaires au centre d'opération qui en constitue le prolongement». O que deu origem ao processo foi a questão de saber se a sociedade francesa Somafer tinha ou não uma sucursal, um estabelecimento ou uma agência na Alemanha.

[167] Terá sido essa a solução defendida por EHRICKE, «Die neue Europäische Insolvenzverordnung und grenzüberschreitende Konzern-insolvenzen», estudo esse citado por DE LA ROS, «Repercusión de la insolvência patrimonial de las sociedades dependientes en los grupos internacionales de sociedades», *AEDIPR*, III, 2003, p. 175. No sentido contrário, afirmando que «a la différence de la solution retenue par la CJCE en interprétation de l'art. 5.5º de la Convention de Bruxelles du 27 septembre 1968, la notion d'établissement consacrée par le règlement relatif aux procédures d'insolvabilité ne parait pas en revanche suceptible d'y inclure des filiales du débiteur», DOMINIQUE BUREAU, «La fin d'un îlot de résistance. Le Règlement du Conseil relatif aux procédures d'insolvabilité», *RCDIP*, 2002, 4, p. 634. Também DÁRIO MOURA VICENTE, «Insolvência internacional: direito aplicável», cit., p. 90, considera que não é estabelecimento «uma sociedade constituída num Estado-Membro, através da qual uma sociedade constituída noutro Estado-Membro, que detém a totalidade do capital da primeira, desenvolve a sua actividade naquele Estado»; recusando a possibilidade de considerar a sociedade-filha um estabelecimento, na Itália, p. ex., TEDESCHI, «Procedura principale e procedure secondarie nel regolamento comunitário sulle procedure di insolvenza», *Dir. Fall.*, 2003, I, p. 547, DE CESARI, «Diritto comunitário», *Il nuovo diritto fallimentari*, Zanichelli, vol. I, 2006, p. 220, e DIALTI, «Il caso Eurofood. Tanto rumore per (quasi) nulla?», cit., p. 795 (o autor lembra em nota que, se a sociedade controlada fosse considerada estabelecimento para efeitos do Regulamento, o processo secundário de insolvência teria de ser de liquidação).

Ainda ao abrigo do VR, seria possível abrir processos principais de insolvência contra as várias sociedades do grupo no mesmo Estado-Membro desde que todas tivessem aí o respetivo CIP/COMI[168]. Mas sempre seria de recear a abertura de processos secundários noutros Estados-Membros que pusessem em causa uma estratégia para o grupo[169].

Agora, o NR já contém um conjunto de artigos dedicados a processos de insolvência relativos a membros de grupos de sociedades (arts. 56º-77º). De acordo com o Considerando (51), pretende-se «garantir uma gestão eficiente dos processos de insolvência respeitantes a diferentes sociedades que façam parte de um grupo».

O art. 2º, 13), do Regulamento 2015/848 esclarece que para efeitos do mesmo «grupo de sociedades» deve entender-se como «uma empresa-mãe e todas as suas empresas filiais». Por sua vez, o art. 2º, 14), acrescenta que empresa-mãe é «uma empresa que controla, direta ou indiretamente, uma ou mais empresas filiais. Uma empresa que elabora demonstrações financeiras consolidadas nos termos da Diretiva 2013/34/EU do Parlamento Europeu e do Conselho é considerada uma empresa-mãe»[170]. Assim, o conceito de grupo não coincide com o que resulta do CSC[171]. Mesmo que a solução adotada no NR possa ser discutível, permite alcançar alguma segurança.

O NR não define «empresa filial», mas parece ser a «empresa» que é direta ou indiretamente controlada por outra empresa[172].

[168] Esta possibilidade continua aberta, parece: GABRIEL MOSS/TOM SMITH, «Recast Regulation 2015/848 on Insolvency Proceedings (RR)», in GABRIEL MOSS/IAN FLETCHER/STUART ISAACS (ed.), *The EU Regulation on insolvency proceedings*, cit., p. 419-527, a p. 497, lembrando também o Considerando (50).

[169] V., p. ex., GABRIEL MOSS/TOM SMITH, «Recast Regulation 2015/848 on Insolvency Proceedings (RR)», in GABRIEL MOSS/IAN FLETCHER/STUART ISAACS (ed.), *The EU Regulation on insolvency proceedings*, cit., p. 419-527, a p. 497.

[170] Parece, porém, que será necessária a existência de dever de consolidação de contas: TASHIRO, «EuInsVO 2017 Art. 2 Begriffsbestimmungen», in BRAUN, *Insolvenzordnung*, cit., Rn. 82. Para o autor, a parte final da definição da al. 14) tem «widerlegbaren Vermutungswirkung»; no mesmo sentido, TSCHENTSCHER, «EuInsVO 2017 Art 56 Zusammenarbeit und Kommunikation der Verwalter» in BRAUN, *Insolvenzordnung*, cit., Rn. 5. Referindo-se a uma «Fiktion», THOLE, «VO (EG) 2015/848 Art. 2 Begriffsbestimmungen», in HANS-PETER KIRCHHOF/HORST EIDENMÜLLER/ROLF STÜRNER (her), *Münchener Kommentar zur Insolvenzordnung*, cit., Rn. 22.

[171] Cfr. o art. 21º da Diretiva 2013/34/EU (Diretiva do Balanço).

[172] GABRIEL MOSS/TOM SMITH, «Recast Regulation 2015/848 on Insolvency Proceedings (RR)», in GABRIEL MOSS/IAN FLETCHER/STUART ISAACS (ed.), *The EU Regulation on insolvency proceedings*, cit., p. 419-527, a p. 498.

14.2. Entidade por entidade

O NR pouco mais nos dá do que algumas regras que visam facilitar a coordenação entre processos de insolvência[173]. Da Exposição de Motivos da Proposta de Regulamento constava que se mantinha «a abordagem «entidade por entidade» que subjaz ao Regulamento da Insolvência em vigor».

Na versão em língua portuguesa não é claro se o NR impõe que se abra um processo de insolvência por cada sociedade membro do grupo. O art. 56º, 1, do NR até poderia dar a entender que haveria grande abertura para que um processo de insolvência abrangesse várias sociedades membros do grupo. O preceito começa assim: «Se o processo de insolvência se referir a dois ou mais membros de um grupo [...]». Logo, o mesmo processo de insolvência poderia abranger dois ou mais membros do grupo.

Contudo, basta ver as versões noutras línguas para se concluir que a língua portuguesa é traiçoeira. No texto em inglês, por exemplo, lê-se: «Where insolvency proceedings relate to two or more members of a group of companies». E veja-se também a versão em francês: «Lorsque des procédures d'insolvabilité concernent deux membres ou plus d'un groupe de sociétés». *Proceedings* é plural, *procédures* é plural; o processo é singular... Aliás, no âmbito do regime previsto para o plano de coordenação de grupo, o art. 72º, 3, do NR dispõe que tal plano «não pode incluir recomendações quanto à consolidação de processos ou massas insolventes».

14.3. Uma questão quanto ao âmbito de aplicação

De acordo com o Considerando (62), as «regras em matéria de cooperação, comunicação e coordenação no quadro da insolvência dos membros de um grupo de sociedades previstas no presente regulamento só deverão ser aplicáveis na medida em que tenham sido abertos processos relativos a diferentes membros do mesmo grupo de sociedades em mais de um Estado-Membro».

Porém, os processos de insolvência relativos a sociedades do mesmo grupo podem correr na mesma jurisdição[174]. É o que se lê no Considerando

[173] E a isso acresce que muito ficará dependente dos direitos dos Estados-Membros: v. Reinhart, «Vor Art. 56», in Hans-Peter Kirchhof/Horst Eidenmüller/Rolf Stürner (her), *Münchener Kommentar zur Insolvenzordnung*, cit., Rn. 16.

[174] Sobre o tema, tendo em conta a Proposta, Catarina Serra, «Insolvência transfronteiriça – Comentários à Proposta de alteração do Regulamento europeu relativo aos processos de insolvência, com especial consideração do Direito português», cit., p. 141. Defendendo que

53: a «introdução de regras sobre o processo de insolvência de grupos de sociedades não deverá limitar a possibilidade de um órgão jurisdicional abrir o processo de insolvência relativamente a várias sociedades pertencentes ao mesmo grupo numa única jurisdição, se considerar que o centro dos interesses principais destas sociedades se situa num único Estado-Membro»[175]. Mas o Considerando 53 não parece significar que aquelas «regras sobre o processo de insolvência de grupos de sociedades» sejam aplicáveis se todos os processos relativos às sociedades do grupo são abertos numa única jurisdição.

Por outro lado, também não parece necessário que todas as sociedades do grupo tenham sede num Estado-Membro[176].

14.4. Cooperação e comunicação

No NR vamos encontrar, designadamente, normas relativas à cooperação e comunicação (entre administradores da insolvência[177], entre órgãos jurisdicionais[178] e entre administradores da insolvência e órgãos jurisdicionais[179], sempre com respeito por determinados limites), bem como relativas aos poderes de cada administrador da insolvência quanto aos restantes processos respeitantes a membros de um grupo de sociedades e aos processos de coordenação de grupo.

o regime é «aplicável quando as insolvências tenham sido abertas em diferentes jurisdições», Ana Perestrelo de Oliveira, *Manual de grupos de* sociedades, Almedina, Coimbra, 2016, p. 383 (a autora parece estar a referir-se ao regime dos grupos de sociedades previsto no Regulamento, e não apenas ao processo de coordenação). Considerando que o processo de coordenação de grupo já exige que pelo menos tenham sido abertos processos de insolvência contra dois membros do grupo em Estados-Membros diferentes, Schmidt, «EuInsVO 2017 Art. 61 Antrag auf Eröffnung eines Gruppen-Koordinationsverfahrens», in Peter Mankowski/Michael Müller/Jessica Schmidt, *EuInsVO 2015. Europäische Insolvenzverordnung 2015. Kommentar,* cit., Rn. 10.

[175] Também aqui a redação em língua portuguesa não coincide com a que foi publicada noutras línguas: «to open insolvency for several companies belonging to the same group», «abra procedimentos de insolvencia para varias sociedades pertenecientes al mismo grupo» (mas v. tb. as versões em francês e italiano). Sobre o tema, v. tb. a Proposta de Regulamento da Comissão, p. 10.

[176] Thole, «VO (EG) 2015/848 Art. 2 Begriffsbestimmungen», in Hans-Peter Kirchhof/Horst Eidenmüller/Rolf Stürner (her), *Münchener Kommentar zur Insolvenzordnung*, cit., Rn. 21.

[177] Art. 56º.

[178] Art. 57º.

[179] Art. 58º.

Quanto à cooperação entre administradores de insolvência, está prevista, designadamente, a possibilidade de celebração de acordos ou protocolos, de celebração de acordos a conferir poderes adicionais ao administrador da insolvência nomeado num dos processos ou de repartição de competências (se isso for admitido pelas regras aplicáveis a cada processo) e a apresentação de proposta e negociação de plano de recuperação coordenado[180] («se existem possibilidades de revitalização dos membros do grupo sujeitos a processos de insolvência»)[181]. Porém, o art. 56º, 1, revela que a cooperação tem limites: deve ser «adequada para facilitar a gestão eficaz» dos processos, não deve ser «incompatível com as regras aplicáveis aos mesmos» e não deve implicar «qualquer conflito de interesses»[182]. De acordo com o art. 76º, as disposições do Capítulo V «que são aplicáveis ao administrador da insolvência aplicam-se também, conforme apropriado, ao devedor não desapossado», e assim devem ser lidas aqui as referências ao AI[183].

No que diz respeito à cooperação e comunicação entre órgãos jurisdicionais, está inclusivamente prevista a possibilidade de designação de uma pessoa ou organismo independente que atue de acordo com as instruções dos órgãos jurisdicionais[184]. A designação poderá ter lugar para o

[180] A proposta de plano de recuperação poderá permitir requerer a «suspensão de qualquer medida relativa à liquidação dos bens nos processos abertos relativamente a quaisquer outros membros do mesmo grupo», nos termos do art. 56º, 1, *b)*.

[181] A celebração de «ad hoc cooperative arrangements» é conhecida na prática das insolvências internacionais: exemplificando com os casos da *Maxwell Communications* e do *BCCI*, Lucian Bebchuk/Andrew Guzman, «An Economic Analysis of Transnational Bankruptcies», cit., p. 775 e s..

[182] Como esse conflito parece inevitável, Reinhart, «VO (EG) 2015/848 Art. 56 Zusammentarbeit und Kommunikation der Verwalter», in Hans-Peter Kirchhof/Horst Eidenmüller/Rolf Stürner (her), *Münchener Kommentar zur Insolvenzordnung*, cit., Rn. 2, defende que o AI deve dar preferência aos deveres relacionados com o «seu» processo e que estes não devem ser afetados pela cooperação. Quanto aos casos em que o grupo abrange também sociedades com processos de insolvência abertos em Estados que não sejam membros da UE, v. Schmidt, «EuInsVO 2017 Art. 56 Zusammenarbeit und Kommunikation der Verwalter», in Peter Mankowski/Michael Müller/Jessica Schmidt, *EuInsVO 2015. Europäische Insolvenzverordnung 2015. Kommentar*, cit., Rn. 13.

[183] E não só aqui. Mas é preciso ver que a aplicação deve ter lugar «conforme apropriado», obrigando a uma análise «norma a norma»: Cülter, ««EuInsVO 2017 Art. 76 Schuldner in Eigenverwaltung», in Braun, *Insolvenzordnung*, cit., Rn. 6.

[184] Considerando que o regime teve influência da Uncitral Model Law on Cross-Border Insolvency (art. 27, *a)*) e dos ALI/III Global Principles for Cooperation in International

«efeito» da cooperação, o que pode ter utilidade, por exemplo, para superar barreiras linguísticas ou para preparar a celebração de um protocolo[185].

No art. 31º VR já surgiam mencionados deveres de cooperação e comunicação. No entanto, só abrangiam os síndicos e não tinham especialmente em vista processos relativos a sociedades integradas em grupo. O NR também se ocupa daqueles deveres fora do âmbito de processos relativos a grupos de sociedades relativamente aos administradores de insolvência, aos órgãos jurisdicionais e entre uns e outros. Quanto aos administradores de insolvência, é o art. 41º do NR que reforça aqueles deveres, encontrando-se prevista também a possibilidade de celebração de acordos ou protocolos[186] e a necessidade de o AI do processo secundário dar ao AI do processo principal a possibilidade de «apresentar, em tempo útil, propostas relativas à liquidação ou utilização dos bens do processo secundário de insolvência» (nº 2, *c)*) [187]. O regime abrange (com as devidas adaptações) os casos em que «no processo principal ou secundário de insolvência ou em qualquer processo de insolvência territorial relativos ao mesmo devedor e pendentes no mesmo momento, o devedor se mantém na posse dos seus bens» (art. 41º, 3). O art. 42º trata da cooperação e comunicação entre órgãos jurisdicionais e reconhece a possibilidade de, para essa cooperação, aqueles órgãos designarem «uma pessoa ou um organismo independente que atue de acordo com as suas instruções». A cooperação pode, inclusivamente, estender-se à coordenação para a nomeação dos AI (art. 42º, 3, *a)*)[188].

Insolvency Cases, Jessica Schmidt, «Article 57 – Cooperation and communication between courts», in Reinhard Bork/Kristin van Zwieten (ed.), *Commentary on the European Insolvency Regulation*, cit., p. 600.

[185] Schmidt, «EuInsVO 2017 Art. 57 Zusammenarbeit und Kommunikation der Gerichte», in Peter Mankowski/Michael Müller/Jessica Schmidt, *EuInsVO 2015. Europäische Insolvenzverordnung 2015. Kommentar*, cit., Rn. 10, que defende a aplicação do art. 71º, nº 2, para a apreciação da independência.

[186] Sobre as vantagens dos protocolos para evitar comportamentos oportunísticos e custos de transação, Mankowski, «EuInsVO 2017 Art. 41 Zusammenarbeit und Kommunikation der Verwalter», in Peter Mankowski/Michael Müller/Jessica Schmidt, *EuInsVO 2015. Europäische Insolvenzverordnung 2015. Kommentar*, cit., Rn. 63.

[187] O AI do processo secundário não tem que seguir essas propostas: Mankowski, «EuInsVO 2017 Art. 41 Zusammenarbeit und Kommunikation der Verwalter», in Peter Mankowski/Michael Müller/Jessica Schmidt, *EuInsVO 2015. Europäische Insolvenzverordnung 2015. Kommentar*, cit., Rn. 77.

[188] A articulação deste regime com os preceitos de direito interno pode revelar-se difícil. E a nomeação de um único AI para o processo principal e para os processos secundários não é

Por sua vez, o art. 43º do NR ocupa-se da cooperação e comunicação entre administradores da insolvência e órgãos jurisdicionais[189] a «fim de facilitar a coordenação do processo principal e dos processos territoriais e secundários de insolvência relativos ao mesmo devedor». Os contactos ali previstos podem ter lugar diretamente[190].

Como vimos, o Considerando (48) contém referência a um dever de ter em conta as «boas práticas de cooperação em casos de insolvência transfronteiriça, resultantes dos princípios e orientações em matéria de comunicação e cooperação adotados por organizações europeias e internacionais que atuem no domínio da lei em matéria de insolvência, em especial as orientações relevantes da Comissão das Nações Unidas para o Direito Comercial Internacional (CNUDCI)».

As circunstâncias determinarão se a cooperação é mais ou menos fácil. Muita coisa dependerá da atitude dos próprios credores, bem como dos tipos de processos em causa.

14.5. Processos de coordenação de grupo

O NR distingue claramente entre os casos em que foi aberto um *processo de coordenação* e aqueles em que isso não ocorreu[191]. Mas o facto de não ter sido aberto um processo de coordenação não afasta a possibilidade de coordenação. Desde logo, através de um plano de recuperação coorde-

sempre desejável: sobre a matéria, MANKOWSKI, «EuInsVO 2017 Art. 42 Zusammenarbeit und Kommunikation der Gerichte», in PETER MANKOWSKI/MICHAEL MÜLLER/JESSICA SCHMIDT, *EuInsVO 2015. Europäische Insolvenzverordnung 2015. Kommentar*, cit., Rn. 19.

[189] Embora só esteja prevista a cooperação e comunicação do AI com o órgão jurisdicional, e não o contrário: MANKOWSKI, «EuInsVO 2017 Art. 43 Zusammenarbeit und Kommunikation zwischen Verwaltern und Gerichten», in PETER MANKOWSKI/MICHAEL MÜLLER/JESSICA SCHMIDT, *EuInsVO 2015. Europäische Insolvenzverordnung 2015. Kommentar*, cit., Rn. 2. O autor considera o art. 43º aplicável aos casos em que o devedor é não desapossado.

[190] MANKOWSKI, «EuInsVO 2017 Art. 43 Zusammenarbeit und Kommunikation zwischen Verwaltern und Gerichten», in PETER MANKOWSKI/MICHAEL MÜLLER/JESSICA SCHMIDT, *EuInsVO 2015. Europäische Insolvenzverordnung 2015. Kommentar*, cit., Rn. 1.

[191] Sobre o papel da Alemanha na introdução do regime do processo de coordenação, SCHMIDT, «EuInsVO 2017 Art. 61 Antrag auf Eröffnung eines Gruppen-Koordinationsverfahrens», in PETER MANKOWSKI/MICHAEL MÜLLER/JESSICA SCHMIDT, *EuInsVO 2015. Europäische Insolvenzverordnung 2015. Kommentar*, cit., Rn. 4; entre nós, ANA PERESTRELO DE OLIVEIRA, «O novo regime dos grupos de sociedades no Regulamento europeu sobre insolvência transfronteiriça: primeira avaliação», cit., p. 209.

nado (arts. 56º, 2, *c)*, e 60º, *b)*, *i)*)[192] e/ou do acordo entre AIs para, em certos casos, «conferir poderes adicionais ao administrador da insolvência nomeado num dos processos» ou para «repartir entre si determinadas competências» (nos termos do art. 56º, 2, 2º par.). E o facto de o CIP/COMI de várias sociedades do mesmo grupo se situar no mesmo Estado-Membro também permite abrir neste último os processos principais de insolvência e, eventualmente, nomear o mesmo AI para todos eles[193].

Um AI[194] nomeado num processo de insolvência aberto relativamente a um membro de um grupo de sociedades pode («na medida do necessário para facilitar a gestão eficaz do processo) requerer a abertura de um processo de coordenação do grupo (art. 60º, 1, *c)*)[195]. E essa solicitação pode ser feita a qualquer órgão jurisdicional[196] competente para o processo de insolvência de um membro do grupo (art. 61º, 1)[197]. Mas não é claro se a soli-

[192] Sobre isto, v. o Considerando (60). O plano de recuperação referido ganha especial significado quando se pretende a suspensão de medidas relacionadas com a liquidação (art. 60º, 1, *b)*).

[193] Cfr. o Considerando (53).

[194] V. tb. o art. 76º. Considerando que a legitimidade ativa está limitada porque se pretende evitar uma «race to the courts», Schmidt, «EuInsVO 2017 Art. 61 Antrag auf Eröffnung eines Gruppen-Koordinationsverfahrens», Peter Mankowski/Michael Müller/Jessica Schmidt, *EuInsVO 2015. Europäische Insolvenzverordnung 2015. Kommentar*, cit., Rn. 19.

[195] É, no entanto, discutível se o AI nomeado num processo secundário pode apresentar esse requerimento. Defendendo que é apenas o AI nomeado num processo principal relativo a um membro do grupo que pode apresentar o pedido de abertura do processo de coordenação e apenas num processo principal, Reinhart, «VO (EG) 2015/848 Art. 60 Rechte des Verwalters bei Verfahren über das Vermögen von Mitgliedern einer Unternehmensgruppe», in Hans-Peter Kirchof/Horst Eidenmüller/Rolf Stürner (her.), *Münchener Kommentar zum Insolvenzordnung*, cit., Rn. 4, e «VO (EG) 2015/848 Art. 61 Antrag auf Eröffnung eines Gruppen-Koordinationsverfahrens», in Hans-Peter Kirchof/Horst Eidenmüller/Rolf Stürner (her.), *Münchener Kommentar zum Insolvenzordnung*, cit., Rn. 7. Admitindo, com razão, que o pedido pode ser apresentado por qualquer AI nomeado num processo de insolvência para um membro do grupo e também em órgão jurisdicional competente para a abertura de processo secundário ou particular, Schmidt, «EuInsVO 2017 Art. 61 Antrag auf Eröffnung eines Gruppen-Koordinationsverfahrens», in Peter Mankowski/Michael Müller/Jessica Schmidt, *EuInsVO 2015. Europäische Insolvenzverordnung 2015. Kommentar*, cit., Rn. 18 e 23 e ss..

[196] Relativamente aos arts. 61º a 77º, o art. 2º, 6), considera órgão jurisdicional apenas o órgão judicial de um Estado-Membro.

[197] Não parece ser necessário que todos os processos de insolvência relativos a todos os membros do grupo corram em Estados-Membros: Schmidt, «EuInsVO 2017 Art. 61 Antrag auf Eröffnung eines Gruppen-Koordinationsverfahrens», Peter Mankowski/Michael

citação tem de ser formulada em processo de insolvência já aberto[198]. De qualquer forma, tratar-se-á de um pedido a apresentar segundo a lei aplicável ao processo em que o AI foi nomeado[199] e não segundo a lei aplicável ao processo em que é apresentado o pedido de coordenação. O pedido de coordenação de grupo é acompanhado de vários elementos indicados no art. 61º, 3, do NR. Destacamos, desde logo, a «proposta relativa à pessoa a designar como coordenador de grupo» (al. *a)*)[200] e o «resumo da coordenação proposta para o grupo, em especial a justificação do cumprimento das condições previstas no artigo 63º, nº 1»[201].

Além disso, e em regra, se a «abertura do processo de coordenação de grupo for solicitada junto de órgãos jurisdicionais de diferentes Estados-Membros, qualquer órgão jurisdicional requerido[202] em segundo lugar declara-se incompetente a favor do primeiro». O art. 62º, consagra, assim, a regra da prioridade. Mas essa regra pode ser afastada nos termos do art. 66º[203]. Ou seja, o órgão jurisdicional a que é solicitado o processo de coor-

Müller/Jessica Schmidt, *EuInsVO 2015. Europäische Insolvenzverordnung 2015. Kommentar*, cit., Rn. 9.

198 Defendendo que tem que ser requerida a coordenação num órgão jurisdicional em que já corra um processo de insolvência, Esser, «EuInsVO 2017 Art. 61 Antrag auf Eröffnung eines Gruppen-Koordinationsverfahrens», in Braun, *Insolvenzordnung*, cit., Rn. 10 («nur Insolvenzgerichte als zuständig anzusehen, bei denen tatsächlich Insolvenzverfahren geführt werden»).

199 De acordo com o CIRE português, a apresentação do pedido de abertura do processo de coordenação de grupo parece constituir um ato de especial relevo. Com a mesma opinião perante o direito alemão, Schmidt, «EuInsVO 2017 Art. 61 Antrag auf Eröffnung eines Gruppen-Koordinationsverfahrens», in Peter Mankowski/Michael Müller/Jessica Schmidt, *EuInsVO 2015. Europäische Insolvenzverordnung 2015. Kommentar*, cit., Rn. 27.

200 Sobre os requisitos que deve preencher, v. o art. 71º do NR. V. tb. o art. 61º, 3, *a)*. Deve também ser tido em especial consideração o regime previsto no art. 73º quanto à língua a utilizar pelo coordenador. O que daí resultar pode ter consequências nos processos que corram termos em tribunais portugueses, evidentemente.

201 Curiosamente, na versão em português do art. 61º, 3, *b)*, aparece a palavra «resumo», enquanto no art. 68º, 1, *b)*, aparecem mencionadas as «linhas gerais». Na versão em língua inglesa aparece nos dois preceitos a palavra «outline».

202 Sobre a questão de saber quando é que se considera ter sido solicitada a abertura do processo de coordenação de grupo, considerando aplicável o art. 32º do Regulamento Bruxelas I por analogia, Schmidt, «EuInsVO 2017 Art. 62 Prioritätsregel», in Peter Mankowski/Michael Müller/Jessica Schmidt, *EuInsVO 2015. Europäische Insolvenzverordnung 2015. Kommentar*, cit., Rn. 7.

203 A regra tem riscos. Desde logo, os de permitir que o processo de coordenação seja aberto no órgão jurisdicional menos adequado e o de permitir o *forum shopping*: Schmidt,

denação não é, necessariamente, o órgão jurisdicional competente para o processo em que foi nomeado o AI requerente, pois o art. 66º contém regras específicas para a escolha. Essa escolha só pode ter lugar até ao momento de abertura do processo de coordenação do grupo por decisão tomada nos termos do art. 68º[204]. O acordo quanto ao órgão jurisdicional para o processo de coordenação deve recair num órgão competente de outro Estado-Membro[205]: tem de ser um órgão jurisdicional que pudesse ter sido escolhido nos termos do art. 61º[206]. O acordo, que deve ser celebrado por pelo menos dois terços de *todos* os AI nomeados para processos de insolvência de membros do grupo[207], deve identificar o órgão jurisdicional competente considerado mais apropriado para a abertura do processo de coordenação de grupo[208]. Feita a escolha através de acordo (por escrito

«EuInsVO 2017 Art. 62 Prioritätsregel», in PETER MANKOWSKI/MICHAEL MÜLLER/JESSICA SCHMIDT, *EuInsVO 2015. Europäische Insolvenzverordnung 2015. Kommentar*, cit., Rn. 3.

[204] REINHART, «EuInsVO 2017 Art. 62 Prioritätsregel», in HANS-PETER KIRCHHOF/HORST EIDENMÜLLER/ROLF STÜRNER (her), *Münchener Kommentar zur Insolvenzordnung*, cit., Rn. 3. O mesmo autor, em «VO (EG) 2015/848 Art. 66 Wahl des Gerichts für ein Gruppen-Koordinationsverfahren», in HANS-PETER KIRCHHOF/HORST EIDENMÜLLER/ROLF STÜRNER (her), *Münchener Kommentar zur Insolvenzordnung*, cit., Rn. 6, defende que é relevante o momento da comunicação (Übermittlung) do acordo ao órgão jurisdicional em que primeiro foi efetuado o pedido de abertura do processo de coordenação.

[205] Se o acordo previsto no art. 66º tem lugar antes de ser aberto um processo de coordenação, então a escolha não tem de recair num órgão jurisdicional competente de «outro Estado-Membro»: pode recair num órgão jurisdicional competente de qualquer Estado-Membro. Nesse sentido, ESSER, «EuInsVO 2017 Art. 66 Wahl des Gerichts für ein Gruppen-Koordinationsverfahren», in BRAUN, *Insolvenzordnung*, cit., Rn. 8.

[206] SCHMIDT, «EuInsVO 2017 Art. 66 Wahl des Gerichts für ein Gruppen-Koordinationsverfahren», in PETER MANKOWSKI/MICHAEL MÜLLER/JESSICA SCHMIDT, *EuInsVO 2015. Europäische Insolvenzverordnung 2015. Kommentar*, cit., Rn. 9, que defende, quanto à forma, uma leitura idêntica à que resulta do art. 25º, 1, *a)*, do Regulamento Bruxelas Ia (Rn. 11).

[207] Devem ser também contabilizados os AI que formularem objeções à inclusão (no processo de coordenação) do processo de insolvência para o qual foram nomeados: REINHART, «VO (EG) 2015/848 Art. 66 Wahl des Gerichts für ein Gruppen-Koordinationsverfahren», in HANS-PETER KIRCHHOF/HORST EIDENMÜLLER/ROLF STÜRNER (her), *Münchener Kommentar zur Insolvenzordnung*, cit., Rn. 1 e 2, JESSICA SCHMIDT, «Article 66 – Choice of court for group coordination proceedings», in REINHARD BORK/KRISTIN VAN ZWIETEN (ed.), *Commentary on the European Insolvency Regulation*, cit., p. 639 (a p. 640, a autora considera que a maioria deve verificar-se no momento da conclusão do acordo e da adecisão de abertura do processo de coordenação).

[208] Não basta que seja mais apropriado do que o que foi já aberto: é necessário que seja considerado o mais apropriado. Sobre os riscos de abuso, ESSER, «EuInsVO 2017 Art. 66

ou mediante comprovação escrita), o pedido de abertura do processo de coordenação tem que ser apresentado ao órgão jurisdicional acordado respeitando o art. 61º[209], o que representa uma perda de tempo que podia ser evitada: o requerimento inicial de abertura do processo de coordenação poderia ser enviado para o órgão jurisdicional acordado[210].

O órgão jurisdicional a que foi requerida a abertura do processo de coordenação só efetuará as notificações exigidas pelo art. 63º[211] se considerar que a «abertura de tal processo é adequada para facilitar a gestão eficaz dos processos de insolvência relativos aos diferentes membros do grupo» (a))[212], se «nenhum credor de qualquer membro do grupo cuja participação no processo seja prevista é suscetível de ser financeiramente prejudicado pela participação desse membro no processo» (b))[213] e se o «coordenador

Wahl des Gerichts für ein Gruppen-Koordinationsverfahren», in BRAUN, *Insolvenzordnung*, cit., Rn. 10

209 Como realça ESSER, «EuInsVO 2017 Art. 66 Wahl des Gerichts für ein Gruppen-Koordinationsverfahren», in BRAUN, *Insolvenzordnung*, Rn. 18, o regime, se pode potenciar o *forum shopping*, também pode permitir evitar o risco de corridas entre os AI; no mesmo sentido quanto ao afastamento de «minor office-holders rushing to their courts», GABRIEL MOSS/TOM SMITH, «Recast Regulation 2015/848 on Insolvency Proceedings (RR)», in GABRIEL MOSS/IAN FLETCHER/STUART ISAACS (ed.), *The EU Regulation on insolvency proceedings*, cit., p. 419-527, a p. 498. Admitindo que o acordo inclua também a identificação do AI que deverá apresentar o requerimento, REINHART, «VO (EG) 2015/848 Art. 66 Wahl des Gerichts für ein Gruppen-Koordinationsverfahren», in HANS-PETER KIRCHHOF/HORST EIDENMÜLLER/ROLF STÜRNER (her), *Münchener Kommentar zur Insolvenzordnung*, cit., Rn. 8. Aquele último autor, em Rn. 10, considera que deve ser o órgão jurisdicional a que é apresentado o primeiro requerimento de abertura do processo de coordenação a decidir sobre a eficácia do acordo de escolha de outro órgão jurisdicional.

210 JESSICA SCHMIDT, «Article 66 – Choice of court for group coordination proceedings», in REINHARD BORK/KRISTIN VAN ZWIETEN (ed.), *Commentary on the European Insolvency Regulation*, cit., p. 641.

211 Embora o art. 63º pareça, à primeira vista, preocupar-se somente com a notificação a realizar, contém verdadeiros critérios de apreciação do requerimento: ESSER, «EuInsVO 2017 Art. 63 Mitteilung durch das befasste Gericht», in BRAUN, *Insolvenzordnung*, cit., Rn. 1. Critérios que vão ser tidos em conta no momento de decidir se tem ou não lugar a abertura do processo de coordenação: art. 68º do NR.

212 Salientando que basta que apareça como possível, o que não é o mesmo que «probabilidade» ou «certeza», ESSER, «EuInsVO 2017 Art. 63 Mitteilung durch das befasste Gericht», in BRAUN, *Insolvenzordnung*, cit., Rn. 8.

213 Diferentemente do que se lê na al. *a)*, agora só estão em causa os credores de um membro do grupo «cuja participação no processo seja prevista». Por outro lado, só interessa o prejuízo financeiro.

proposto cumpre os requisitos fixados no artigo 71º». Ou seja: primeiro, o órgão jurisdicional verifica se considera que estão preenchidos os requisitos estabelecidos no art. 63º, 1; depois, realiza as notificações ali previstas; em seguida, dá aos administradores da insolvência a possibilidade de serem ouvidos (art. 63º, 4).

O requisito previsto na al. *b)* do nº 1 do art. 63º pode ser muito difícil de apurar. Como resulta do Considerando (57), é necessário que o processo de coordenação tenha «um impacto geralmente positivo nos credores». Mas isso não significa que todos os credores tenham de ficar a ganhar ou, até, que existam vantagens para todos os processos abrangidos[214].

De acordo com o art. 63º, 2, na versão em língua portuguesa, a notificação «inclui os elementos referidos no artigo 61º, nº 3, alíneas *a)* a *d)*». Contudo, na versão em língua inglesa lemos antes que a notificação «shall list the elements referred to in [...]», na versão em língua alemã aparece a palavra «aufzulisten» e na versão em língua francesa que a «notification [...] mentionne les éléments énumérés à [...]». Listar ou mencionar não é o mesmo que incluir...

No entanto, a versão em língua portuguesa parece conter a solução mais razoável. E isto porque o órgão jurisdicional requerido tem que dar aos AI nomeados para os membros do grupo a possibilidade de serem ouvidos (art. 63º, 4). O NR permite no art. 64º que o AI de cada processo de insolvência relativo a membro do grupo levante objeções relativamente à inclusão do processo em que foi nomeado no processo de coordenação (*opt-out*), daí resultando que esse processo não é incluído no processo de coordenação (art. 65º, 1)[215]. A adesão é, nessa medida, voluntária. A deci-

[214] Em sentido próximo, Jessica Schmidt, «EuInsVO 2017 Art. 63 Mitteilung durch das befasste Gericht», in Peter Mankowski/Michael Müller/Jessica Schmidt, *EuInsVO 2015. Europäische Insolvenzverordnung 2015. Kommentar*, cit., Rn. 9.

[215] Defendendo que o *opt-out* pode ter como consequência o não cumprimento das condições previstas no art. 63º, 1, e, assim, conduzir à recusa de abertura do processo de coordenação, Jessica Schmidt, «EuInsVO 2017 Art. 68 Entscheidung zur Eröffnung eines Gruppen-Koordiantionsverfahrens», in Peter Mankowski/Michael Müller/Jessica Schmidt, *EuInsVO 2015. Europäische Insolvenzverordnung 2015. Kommentar*, cit., Rn. 18. A mesma autora, em Jessica Schmidt, «Article 64 – Objections by insolvency practitioners», in Reinhard Bork/Kristin van Zwieten (ed.), *Commentary on the European Insolvency Regulation*, cit., p. 634, também lembra que as objeções podem ser tão fortes que levam a que os restantes façam o opt-out. Considerando que as objeções não podem dizer respeito ao próprio processo de coordenação, Reinhart, «VO (EG) 2015/848 Art. 64 Einwände von Verwaltern», in Hans-

são de participação pode carecer de aprovação prévia, nos termos da lei do Estado de abertura do processo em que o AI foi nomeado (art. 64º, 3)[216].

Se o processo não foi inicialmente incluído no processo de coordenação, o AI pode, posteriormente à abertura do processo de coordenação[217], e nos termos da sua lei nacional, requerer essa inclusão (*opt-in*) de acordo com o disposto no art. 69º[218]. Mas, agora, quem decide é o coordenador (art. 69º, 3[219]), embora depois de consultar os AI em causa. Parece, no entanto, que o preenchimento dos requisitos do art. 69º, 2, afasta a possibilidade de recusar a inclusão[220].

Peter Kirchhof/Horst Eidenmüller/Rolf Stürner (her), *Münchener Kommentar zur Insolvenzordnung*, cit., Rn. 2.

[216] A apresentação de objeções à inclusão do processo de insolvência no processo de coordenação de grupo será um ato de especial relevo, com as inerentes consequências. Considerando que é uma «Rechtshandlung von besonderere Bedeutung für das Insolvenzverfahren», Schmidt, «EuInsVO 2017 Art. 64 Einwände von Verwaltern», in Peter Mankowski/Michael Müller/Jessica Schmidt, *EuInsVO 2015. Europäische Insolvenzverordnung 2015. Kommentar*, cit., Rn. 19, no mesmo sentido, Esser, «EuInsVO 2017 Art. 65 Folgen eines Einwands gegen die Enbeziehung in ein Gruppen-Koordinationsverfahren», in Braun, *Insolvenzordnung*, cit., Rn. 6. Com opinião diferente, Reinhart, «VO (EG) 2015/848 Art. 64 Einwände von Verwaltern», in Hans-Peter Kirchhof/Horst Eidenmüller/Rolf Stürner (her), *Münchener Kommentar zur Insolvenzordnung*, cit., Rn. 6 («Die Teilnahme am Koordinationsverfahren ist jedoch keine besonders bedeutsame Rechtshandlung»).

[217] Reinhart, «VO (EG) 2015/848 Art. 69 Nachträgliches Opt-in durch Verwalter», in Hans-Peter Kirchhof/Horst Eidenmüller/Rolf Stürner (her), *Münchener Kommentar zur Insolvenzordnung*, cit., Rn. 4.

[218] Já a hipótese contrária (posterior saída do processo de coordenação) não está prevista. Afastando a sua admissibilidade, Esser, «EuInsVO 2017 Art. 65 Folgen eines Einwands gegen die Enbeziehung in ein Gruppen-Koordinationsverfahren», in Braun, *Insolvenzordnung*, cit., Rn. 3. Admitindo um acordo entre todos os administradores da insolvência para permitir que um membro do grupo deixe de participar no processo de coordenação, Jessica Schmidt, «Article 69 – Subsequent opt-in by insolvency practitioners», in Reinhard Bork/Kristin van Zwieten (ed.), *Commentary on the European Insolvency Regulation*, cit., p. 655.

[219] Considerando a solução «unglücklich», Reinhart, «VO (EG) 2015/848 Art. 69 Nachträgliches Opt-in durch Verwalter», in Hans-Peter Kirchhof/Horst Eidenmüller/Rolf Stürner (her), *Münchener Kommentar zur Insolvenzordnung*, cit., Rn. 8. O opt-in tem efeitos ex nunc: Jessica Schmidt, «Article 69 – Subsequent opt-in by insolvency practitioners», in Reinhard Bork/Kristin van Zwieten (ed.), *Commentary on the European Insolvency Regulation*, cit., p. 654.

[220] Jessica Schmidt, «Article 69 – Subsequent opt-in by insolvency practitioners», in Reinhard Bork/Kristin van Zwieten (ed.), *Commentary on the European Insolvency Regulation*, cit., p. 652.

Se um dos AI formula objeções ao coordenador proposto (mas não as formula quanto à inclusão do processo em que foi nomeado no processo de coordenação: art. 64º, 1, *b)*[221]), o órgão jurisdicional pode não designar a pessoa proposta[222] e convida o AI que tenha formulado objeções a apresentar novo pedido «nos termos do artigo 61º, nº 3» (v. o art. 67º do NR[223]). E tudo começa de novo[224], com o inerente risco de atraso.

O órgão jurisdicional que abre o processo de coordenação depois de decorrido o prazo previsto no art. 64º, 2, também nomeia o coordenador[225],

[221] Embora o art. 64º não o refira, parece que os AI podem manifestar-se sobre outros aspetos ali não mencionados. Referindo a tomada de posição sobre o plano de coordenação ou a repartição de custos, ESSER, «EuInsVO 2017 Art. 64 Einwände fon Verwaltern», in BRAUN, *Insolvenzordnung*, cit., Rn. 6.

[222] Mas não poderá abrir o processo de coordenação sem nomear o coordenador: ESSER, «EuInsVO 2017 Art. 67 Folgen von Einwänden gegen den vorgesclhagenen Koordinator», in BRAUN, *Insolvenzordnung*, cit., Rn. 6.

[223] Sobre o prazo para a apresentação de novo pedido, admitindo o prazo de um mês por comparação com o art. 64º, 2, ESSER, «EuInsVO 2017 Art. 67 Folgen von Einwänden gegen den vorgesclhagenen Koordinator», in BRAUN, *Insolvenzordnung*, cit., Rn. 8. REINHART, «VO (EG) 2015/848 Art. 67 Folgen von Einwänden gegen den vorgeschlagenen Koordinator», in HANS-PETER KIRCHHOF/HORST EIDENMÜLLER/ROLF STÜRNER (her), *Münchener Kommentar zur Insolvenzordnung*, cit., Rn. 6, tem razão ao afirmar que não faria sentido afastar a possibilidade de o requerente do processo de coordenação apresentar uma nova proposta.

[224] SCHMIDT, «EuInsVO 2017 Art. 66 Wahl des Gerichts für ein Gruppen-Koordinationsverfahren», in PETER MANKOWSKI/MICHAEL MÜLLER/JESSICA SCHMIDT, *EuInsVO 2015. Europäische Insolvenzverordnung 2015. Kommentar*, cit., Rn.. Lembre-se, também, que o art. 62º, 1, apesar de estabelecer a regra da prioridade, ressalva os casos previstos no art. 66º. Defendendo que o novo pedido só diz respeito à pessoa do coordenador, REINHART, «VO (EG) 2015/848 Art. 64 Folgen von Einwänden gegen den vorgeschlagenen Koordinator», in HANS-PETER KIRCHHOF/HORST EIDENMÜLLER/ROLF STÜRNER (her), *Münchener Kommentar zur Insolvenzordnung*, cit., Rn. 7.

[225] É também o órgão jurisdicional que destitui o coordenador, oficiosamente ou a pedido do AI de um membro de grupo participante (no processo de coordenação, parece), uma vez verificadas as circunstâncias previstas no art. 75º. Defendendo uma «insolvency judgment rule», SCHMIDT, «EuInsVO 2017 Art. 75 Abberufung des Koordinators», in PETER MANKOWSKI/MICHAEL MÜLLER/JESSICA SCHMIDT, *EuInsVO 2015. Europäische Insolvenzverordnung 2015. Kommentar*, cit., Rn. 14. O Regulamento não é claro acerca do que se segue em caso de destituição do coordenador. Pronunciando-se a favor da suspensão do processo de coordenação até à nomeação de novo coordenador, CÜLTER, «EuInsVO 2017 Art. 75 Abberufung des Koordinators», in BRAUN, *Insolvenzordnung*, cit., Rn. 14. Sustentando que a proposta deve partir do AI que requereu a abertura do processo de coordenação, REINHART, ««VO (EG) 2015/848 Art. 75 Abberufung des Koordinators», in HANS-PETER KIRCHOF/HORST EIDENMÜLLER/ROLF STÜRNER (her.), *Münchener Kommentar zum Insolvenzordnung*,

decide as linhas gerais de coordenação[226] e decide sobre custos e sua distribuição pelos membros do grupo[227] (art. 68º, 1, NR). Porém, só pode abrir o processo de coordenação se considerar que as condições previstas no art. 63º, 1, estão reunidas[228]. Como se lê no Considerando (57), o «processo de coordenação de grupo deverá sempre procurar facilitar a gestão eficaz do processo de insolvência dos membros do grupo e ter um impacto geralmente positivo nos credores».

O órgão jurisdicional competente não pode escolher o coordenador: se não foram apresentadas objeções ao coordenador proposto, escolhe o que for indicado no requerimento de abertura do processo de coordenação se estiverem respeitadas as exigências constantes do art. 71º[229]; se foram

cit., Rn. 5. Parecendo dispensar essa proposta e aceitando que o órgão jurisdicional nomeie um novo coordenador, embora tendo de ouvir antes os AI, SCHMIDT, «EuInsVO 2017 Art. 75 Abberufung des Koordinators», in PETER MANKOWSKI/MICHAEL MÜLLER/JESSICA SCHMIDT, *EuInsVO 2015. Europäische Insolvenzverordnung 2015. Kommentar*, cit., Rn. 21 e ss..

[226] Mas é discutível se pode ou não alterar o que resultar da proposta que acompanha o pedido de abertura do processo de coordenação: sobre os termos do problema, SCHMIDT, «EuInsVO 2017 Art. 68 Entscheidung zur Eröffnung eines Gruppen-Koordiantionsverfahrens», in PETER MANKOWSKI/MICHAEL MÜLLER/JESSICA SCHMIDT, *EuInsVO 2015. Europäische Insolvenzverordnung 2015. Kommentar*, cit., Rn. 17 e 18 (que recusa a possibilidade exceto nos casos de *opt-out*). Admitindo que o órgão jurisdicional concretize os trabalhos do coordenador ou que, em certos casos, os limite, REINHART, «VO (EG) 2015/848 Art. 66 Entscheidung zur Eröffnung eines Gruppen-Koordiantionsverfahren», in HANS-PETER KIRCHHOF/HORST EIDENMÜLLER/ROLF STÜRNER (her), *Münchener Kommentar zur Insolvenzordnung*, cit., Rn. 5.

[227] Defendendo uma repartição em função o valor total do último balanço aprovado («der gröβe der Bilanzsumme der letzten festgesetellten Billanz») se ainda não for possível determinar o valor das diversas massas insolventes, REINHART, «VO (EG) 2015/848 Art. 66 Entscheidung zur Eröffnung eines Gruppen-Koordiantionsverfahren», in HANS-PETER KIRCHHOF/HORST EIDENMÜLLER/ROLF STÜRNER (her), *Münchener Kommentar zur Insolvenzordnung*, cit., Rn. Afirmando que o órgão jurisdicional não pode alterar o que foi proposto no requerimento de abertura do processo de coordenação, SCHMIDT, «EuInsVO 2017 Art. 68 Entscheidung zur Eröffnung eines Gruppen-Koordiantionsverfahrens», in PETER MANKOWSKI/MICHAEL MÜLLER/JESSICA SCHMIDT, *EuInsVO 2015. Europäische Insolvenzverordnung 2015. Kommentar*, cit., Rn. 20 (com a exceção dos casos em que houve *opt-out*).

[228] Considerando que nos casos em que o órgão jurisdicional entende estarem reunidas as condições previstas no art. 63º, 1, não pode deixar de abrir o processo de coordenação, ESSER, «EuInsVO 2017 Art. 68 Entscheidung zur Eröffnung eines Gruppen-Koordinationsverfahrens», in BRAUN, *Insolvenzordnung*, cit., Rn. 2.

[229] REINHART, «VO (EG) 2015/848 Art. 67 Folgen von Einwänden gege den vorgeschlagenen Koordinators», in HANS-PETER KIRCHHOF/HORST EIDENMÜLLER/ROLF STÜRNER (her), *Münchener Kommentar zur Insolvenzordnung*, cit., Rn. 2. O art. 71º, 1, não obriga a que o

apresentadas objeções nos termos do art. 67º, se não designar a pessoa proposta só pode convidar à apresentação de novo pedido de abertura[230].

O coordenador do grupo deve atuar com imparcialidade e a devida diligência (art. 72º, 5) e deve cooperar com os AI nomeados para os membros do grupo (tal como estes com aquele) «na medida em que essa cooperação não seja incompatível com as regras aplicáveis aos respetivos processos» (art. 74º, 1)[231].

E que funções tem o coordenador do grupo? Desde logo, formula recomendações e propõe um plano de coordenação do grupo (cfr. arts. 70º e 72º, 1)[232]. As recomendações podem dizer respeito, por exemplo, a relações entre sociedades do grupo, à liquidação da massa de cada uma das sociedades ou à recuperação destas[233] e podem ser particularmente úteis enquanto se prepara o plano de coordenação. Este plano pode, entre outras coisas, incluir propostas sobre «medidas a tomar a fim de restabelecer o desempenho económico e a solidez financeira do grupo ou de qualquer parte do mesmo», a «resolução de litígios no interior do grupo, no que respeita a transações dentro do grupo e a ações de impugnação pauliana» e «acor-

coordenador cumpra os requisitos exigidos pelo tribunal da coordenação: JESSICA SCHMIDT, «Article 71 – The coordinator», in REINHARD BORK/KRISTIN VAN ZWIETEN (ed.), *Commentary on the European Insolvency Regulation*, cit., p. 663. A p. 664 e s., a autora apresenta uma lista de conflitos de interesses que podem surgir.

230 Cfr., nesse sentido, SCHMIDT, «EuInsVO 2017 Art. 67 Folgen von Einwänden gegen den vorgeschlagenen Koordinator» e «EuInsVO 2017 Art. 68 Entscheidung zur Eröffnung eines Gruppen-Koordiantionsverfahrens», in PETER MANKOWSKI/MICHAEL MÜLLER/JESSICA SCHMIDT, *EuInsVO 2015. Europäische Insolvenzverordnung 2015. Kommentar*, cit., Rn. 6 e Rn. 13 respetivamente. No entanto, mesmo que não haja objeções, é preciso não esquecer o controlo que é feito por força do disposto nos arts. 63º, 1, *c)*, e 68º, 1.

231 Mas v., considerando que o dever de cooperação com o coordenador não recai sobre os AI nomeados em processos de insolvência que não estão abrangidos pelo processo de coordenação, CÜLTER, ««EuInsVO 2017 Art. 72 Aufgaben und Rechte des Koordinators», in BRAUN, *Insolvenzordnung*, cit., Rn. 6, e JESSICA SCHMIDT, «Article 74 – Cooperation between insolvency practitioners and the coordinator», in REINHARD BORK/KRISTIN VAN ZWIETEN (ed.), *Commentary on the European Insolvency Regulation*, cit., p. 687..

232 A identificação dos deveres do coordenador permite responsabilizá-lo, sendo esse o caso. Mas o NR não se ocupa dessa eventual responsabilidade. Será, então, aplicável o direito do Estado-Membro em que foi aberto o processo de coordenação: CÜLTER, ««EuInsVO 2017 Art. 72 Aufgaben und Rechte des Koordinators», in BRAUN, *Insolvenzordnung*, cit., Rn. 30.

233 Para estes e outros exemplos, REINHART, «VO (EG) 2015/848 Art. 72 Aufgaben und Rechte des Koordinators», in HANS-PETER KIRCHHOF/HORST EIDENMÜLLER/ROLF STÜRNER (her), *Münchener Kommentar zur Insolvenzordnung*, cit., Rn. 5.

dos entre os administradores da insolvência de membros insolventes do grupo» (art. 72º, 1, *b)*, do NR)[234]. Mas já não pode «incluir recomendações quanto à consolidação de processos ou massas insolventes» (art. 72º, 3).

O plano de coordenação contém propostas, que carecem de execução ao nível dos participantes no processo de coordenação e dos processos de insolvência que lhes dizem respeito[235]. As recomendações e o plano não são obrigatórios para os AI dos processos dos membros do grupo (art. 70º, 2), embora tenham que justificar porque não os puseram em prática (*comply or explain*)[236]. Acresce que os AI estão sujeitos ao dever de ter em conta[237] as recomendações do coordenador e o conteúdo do plano de coordenação de grupo (art. 70º, 1). Além disso, o facto de os AI não cumprirem as recomendações ou o plano de coordenação pode constituir uma violação dos seus deveres em cada processo de insolvência para que foram nomeados[238].

O coordenador do grupo tem também os poderes de ser ouvido e participar em processos abertos relativamente a membros do grupo (de acordo com o disposto no art. 72º, 2, *a)*), de mediar litígios entre dois ou mais AI de membros do grupo (v.g., quanto a empréstimos entre sociedades, pres-

[234] Sobre o plano, tendo em conta a Proposta, CATARINA SERRA, «Insolvência transfronteiriça – Comentários à Proposta de alteração do Regulamento europeu relativo aos processos de insolvência, com especial consideração do Direito português», cit., p. 140.

[235] Assim também, CÜLTER, ««EuInsVO 2017 Art. 72 Aufgaben und Rechte des Koordinators», in BRAUN, *Insolvenzordnung*, cit., Rn. 9, JESSICA SCHMIDT, «Article 72 – Tasks and rights of the coordinator», in REINHARD BORK/KRISTIN VAN ZWIETEN (ed.), *Commentary on the European Insolvency Regulation*, cit., p. 672.

[236] Considerando que pode haver casos em que o não cumprimento dê lugar à responsabilização do AI, SCHMIDT, «EuInsVO 2017 Art. 70 Empfehlungen und Gruppen Koordinationsplan», in PETER MANKOWSKI/MICHAEL MÜLLER/JESSICA SCHMIDT, *EuInsVO 2015. Europäische Insolvenzverordnung 2015. Kommentar*, cit., Rn. 13. A mesma autora, em JESSICA SCHMIDT, «Article 70 – Recommendations and group coordination plan», in REINHARD BORK/KRISTIN VAN ZWIETEN (ed.), *Commentary on the European Insolvency Regulation*, cit., p. 657, lembra que a solução obrigará o coordenador a procurar uma via que interesse ao grupo e que os administradores da insolvência terão muitas vezes dificuldade em explicar por que razão não seguiram o plano de coordenação. Além disso, sugere (p. 660) que se tenha em conta a Recomendação da Comissão de 9 de abril de 2014.

[237] E, por isso, não podem ignorá-los: JESSICA SCHMIDT, «Article 70 – Recommendations and group coordination plan», in REINHARD BORK/KRISTIN VAN ZWIETEN (ed.), *Commentary on the European Insolvency Regulation*, cit., p. 659.

[238] REINHART, «VO (EG) 2015/848 Art. 70 Empfehlungen und Gruppen-Koordinationsplan», in HANS-PETER KIRCHHOF/HORST EIDENMÜLLER/ROLF STÜRNER (her), *Münchener Kommentar zur Insolvenzordnung*, cit., Rn. 3.

tações de serviços, patentes ou licenças, utilização de infraestruturas[239]), de apresentar e explicar o plano de coordenação (nos termos do art. 72º, 2, *c)*[240]), de requerer informações de qualquer AI quanto a qualquer membro do grupo (nos casos previstos no art. 72º, 2, *d)*) e de, em certos casos, pedir a suspensão de processos de insolvência relativos a membros do grupo ou solicitar o levantamento de «qualquer» suspensão existente (art. 72º, 2, *e)*, que, no entanto, pressupõe um plano de coordenação no que diz pelo menos respeito ao pedido de suspensão[241]). Em relação a todas as alíneas do art. 72º, 2, pode surgir a dúvida acerca de quais os processos de insolvência em causa: só os que estão abrangidos pelo processo de coordenação ou não?[242]

Porém, as funções e direitos que o art. 72º prevê relativamente ao coordenador do processo de coordenação de grupo não abrangem os membros do grupo que não participam naquele processo (art. 72º, 4; cfr. tb. o art. 65º, 2).

O órgão jurisdicional destitui o coordenador nos casos previstos no art. 75: se o coordenador atua em detrimento dos *credores de um membro do grupo participante* ou se *não cumpre as obrigações* que para ele resultam do

[239] CÜLTER, ««EuInsVO 2017 Art. 72 Aufgaben und Rechte des Koordinators», in BRAUN, *Insolvenzordnung*, cit., Rn. 20. Mas mediar não é decidir: JESSICA SCHMIDT, «Article 72 – Tasks and rights of the coordinator», in REINHARD BORK/KRISTIN VAN ZWIETEN (ed.), *Commentary on the European Insolvency Regulation*, cit., p. 673, que, no entanto, aceita que os administradores da insolvência (e/ou os devedores não desapossados) celebrem acordos permitindo que as decisões do coordenador sejam vinculantes ou que concluam convenções de arbitragem.

[240] Na al. *c)*, é feita a menção à apresentação e explicação do plano de coordenação a pessoas ou órgãos «que deve informar nos termos da sua lei nacional», mas parece haver um lapso na redação da norma: v. SCHMIDT, «EuInsVO 2017 Art. 72 Aufgaben und Rechte des Koordinators», in PETER MANKOWSKI/MICHAEL MÜLLER/JESSICA SCHMIDT, *EuInsVO 2015. Europäische Insolvenzverordnung 2015. Kommentar*, cit., Rn. 38, e REINHART, «VO (EG) 2015/848 Art. 72 Aufgabe und Rechte des Koordinators», in HANS-PETER KIRCHHOF/HORST EIDENMÜLLER/ROLF STÜRNER (her), *Münchener Kommentar zur Insolvenzordnung*, cit., Rn. 13.

[241] Chamando a atenção para o facto de não estarem previstas medidas que protejam os interesses dos credores nos processos suspensos, REINHART, «VO (EG) 2015/848 Art. 72 Aufgabe und Rechte des Koordinators», in HANS-PETER KIRCHHOF/HORST EIDENMÜLLER/ROLF STÜRNER (her), *Münchener Kommentar zur Insolvenzordnung*, cit., Rn. 18.

[242] Considerando que o poder de ser ouvido e participar, referido no art. 72º, 2, *a)*, vale apenas para os processos de membros do grupo abrangidos no processo de coordenação, REINHART, «VO (EG) 2015/848 Art. 72 Aufgabe und Rechte des Koordinators», in HANS-PETER KIRCHHOF/HORST EIDENMÜLLER/ROLF STÜRNER (her), *Münchener Kommentar zur Insolvenzordnung*, cit., Rn. 11.

Capítulo V[243]. Aparentemente, será também aquele órgão jurisdicional que nomeará o novo coordenador[244].

14.6. Os processos que ficam de fora do processo de coordenação e a suspensão de medidas de liquidação

Se foi aberto um processo de coordenação de grupo, pode haver processos que ficam de fora daquele processo de coordenação. O administrador da insolvência nomeado em *processo não sujeito a coordenação* relativo a um membro do grupo pode (e «na medida do necessário para facilitar a gestão eficaz do processo») solicitar «[...] a suspensão de qualquer medida relativa à liquidação dos bens nos processos abertos relativamente a quaisquer outros membros do mesmo grupo» em certos casos e *desde que não estejam sujeitos a coordenação* (cfr. o art. 60º, 1, *b)*, NR)[245].

É ainda preciso que sejam cumpridos outros requisitos para que a mencionada suspensão possa ter lugar. Será, assim, necessário que: «i) tenha sido proposto um plano de recuperação para todos ou alguns dos membros do grupo sujeitos a processos de insolvência, nos termos do artigo 56º, nº 2, alínea *c)*, e esse plano tenha boas probabilidades de êxito [...]»; que «essa suspensão seja necessária para assegurar a correta execução do plano de recuperação»; que «o plano de recuperação seja benéfico para os credores no processo para o qual é solicitada a suspensão» (art. 60º, 1, *b)*, NR).

O AI do processo para o qual é pedida a suspensão é ouvido antes da decisão (art. 60º, 2, par. 2º). O órgão jurisdicional que tiver aberto o processo em que é pedida a suspensão pode decidir pela suspensão de medida

[243] Considerando a lista de fundamentos «exhaustive», JESSICA SCHMIDT, «Article 75 – Revocation of the appointment of the coordinator», in REINHARD BORK/KRISTIN VAN ZWIETEN (ed.), *Commentary on the European Insolvency Regulation*, cit., p. 690.

[244] JESSICA SCHMIDT, «Article 75 – Revocation of the appointment of the coordinator», in REINHARD BORK/KRISTIN VAN ZWIETEN (ed.), *Commentary on the European Insolvency Regulation*, cit., p. 693.

[245] O que se lê no art. 60º, 1, *b)*, *iv)*, do NR é que a solicitação de suspensão tratada na alínea em causa é possível desde que «nem o processo de insolvência no qual o administrador da insolvência referido no nº 1 do presente artigo foi nomeado nem o processo em relação ao qual é solicitada a suspensão estejam sujeitos a coordenação nos termos da Secção 2» do Capítulo em causa. Isto porque pode haver processo de coordenação em relação a alguns dos processos de insolvência e não a haver em relação a outros. Referindo-se a um «Primado do Coordenador», REINHART, «VO (EG) 2015/848 Art. 60 Rechte des Verwalters bei Verfahren über das Vermögen von Mitgliedern einer Unternehmensgruppe», in HANS-PETER KIRCHHOF/HORST EIDENMÜLLER/ROLF STÜRNER (her), *Münchener Kommentar zur Insolvenzordnung*, cit., Rn. 6.

de liquidação dos bens no processo. Essa suspensão pode ser total ou parcial. Sendo decretada a suspensão, o período de duração da mesma não pode exceder três meses. Esse prazo é prorrogável (se tal for compatível com as regras aplicáveis ao processo), mas a duração total não pode exceder seis meses (par. 4º). O órgão jurisdicional que decretar a suspensão pode exigir ao AI que requereu a suspensão a adoção de medidas que sejam adequadas para salvaguardar os interesses dos credores e que estejam previstas na lei nacional (par. 3º).

14.7. Uma última nota quanto aos grupos de sociedades

Não pode haver dúvidas de que o Regulamento 2015/848 constitui um passo em frente relativamente ao tratamento das insolvências transfronteiriças no âmbito de grupos de sociedades. Contudo, muito dependerá da atitude que os administradores de insolvência e os órgãos jurisdicionais vierem a adotar. Se não houver disponibilidade para cooperar, pouco se conseguirá a não ser um considerável aumento do número de litígios.

15. Aspetos que são especialmente relevantes para as PMEs

Deixamos para último lugar uma breve referência a aspetos do regime contido no NR que são particularmente interessantes para as PMEs. Desde logo, são alargados os casos em que se pode[246] recorrer a formulários-tipo: cfr. o art. 55º (v. tb., com muito diferente redação, o art. 42º, 1, VR), que, no entanto, apenas diz respeito aos credores estrangeiros[247]. Como se lê no Considerando (64), as «consequências do preenchimento incompleto dos formulários-tipo deverão reger-se pela lei nacional».

A desnecessidade de representação por advogado (ou outro profissional forense) para a reclamação de créditos por parte de credores estrangeiros também permitirá poupar custos (art. 53º).

[246] Mas não tem: cfr. tb. Reinhart, «VO (EG) 2015/848 Art. 55 Verfahren für die Rorderungsanmeldung», in Hans-Peter Kirchhof/Horst Eidenmüller/Rolf Stürner (her), *Münchener Kommentar zur Insolvenzordnung*, cit., Rn. 7, Schmidt, «EuInsVO 2017 Art. 55 Verfahren für die Forderungsanmeldung», in Peter Mankowski/Michael Müller/Jessica Schmidt, *EuInsVO 2015. Europäische Insolvenzverordnung 2015. Kommentar*, cit., Rn. 11 (lembrando a autora, em Rn. 29, que a opção pelo credor estrangeiro de outra forma de apresentar a reclamação não o dispensa de indicar o que é exigido pelo art. 55º, embora também não lhe possa ser exigido mais).

[247] O projeto de alteração do CIRE acrescenta ao art. 128º um novo nº 4, que já contém a previsão da possibilidade de recurso aos formulários-tipo previstos nos arts. 54º e 55º do NR.

O penhor financeiro e a alienação fiduciária em garantia no processo de insolvência[248]

1. Principais problemas a analisar

A alienação fiduciária em garantia e o penhor financeiro são modalidades de contratos de garantia financeira[249]. Como se lê no art. 2º, 2, do DL

[248] Grande parte deste texto foi incluída no artigo com o mesmo título publicado na Revista de Direito da Insolvência, nº 1, 2017, p. 8-59. Porém, foram retiradas as páginas relativas ao regime da resolução de instituições de crédito e acrescentadas outras sobre o Regulamento (UE) 2015/2365 do Parlamento Europeu e do Conselho de 25 de novembro de 2015 «relativo à transparência das operações de financiamento através de valores mobiliários e de reutilização e que altera o Regulamento (UE) nº 648/2012». Foi também dada uma diferente sistematização a alguns dos pontos e incluídas mais algumas referências a obras entretanto consultadas. Parte da bibliografia utilizada para preparar este estudo foi obtida durante uma estadia para investigar no *Max-Planck-Institut für ausländisches und internationales Privatrecht* de Hamburgo durante o mês de abril de 2016. A referida estadia contou com o apoio da Fundação Rangel de Sampaio e da Fundação Engenheiro António de Almeida. O presente texto ficou terminado em 1 de novembro de 2017. As opiniões nele contidas não constituem conselhos, recomendações ou informações, e a análise de qualquer caso concreto não dispensa o devido aconselhamento jurídico.

[249] O regime do penhor financeiro e da alienação fiduciária em garantia consta, antes de mais, do DL 105/2004, de 8 de maio (alterado pelos DLs 85/2011, de 29 de junho, e 192/2012, de 23 de agosto). Além disso, o regime nacional deve ser lido tendo em conta a Diretiva que transpôs: trata-se da Diretiva 2002/47/CE, do Parlamento Europeu e do Conselho, de 6 de junho (alterada pelas Diretivas 2009/44/CE, de 6 de maio, e 2014/59/EU, de 15 de maio), e que é uma Diretiva de «harmonização mínima» (Considerando 22). Para a sua compreensão podem ajudar, por exemplo, a Comunicação da Comissão «Aplicação de um enquadramento para os mercados financeiros: Plano de ação», de 1999, o Relatório da ISDA *Collateral Arrangements in the European Financial Markets: The Need for National Law Reform*, de 2000, e o *Working Document on Collateral from the Commission to relevant bodies for consultation*, também de 2000, para além, obviamente, de todos os documentos preparatórios. Mas outros textos devem ser lembrados. Desde logo, a Diretiva 98/26/CE, de 19 de maio de 1998 e «relativa ao carácter definitivo da liquidação nos sistemas de pagamentos e de liquidação de valores mobiliários», particularmente importante quando tem lugar o recurso a um

105/2004, distinguem-se um do outro «consoante tenham, ou não, por efeito a transmissão da propriedade com função de garantia». No entanto, o mesmo preceito revela que podem existir outras modalidades, pois utiliza-se ali o advérbio «designadamente»[250].

Haverá contrato de garantia financeira se estiverem preenchidos os requisitos estabelecidos nos arts. 3º a 7º do referido diploma. O art. 2º, 3, mostra que o reporte é considerado contrato de alienação fiduciária em garantia[251], sendo mais discutível que esteja ali abrangido o empréstimo de

sistema de liquidação (cfr., a propósito, o art 283º do CVM). Como se lê na Proposta de Diretiva relativa aos acordos de garantia financeira COM (2001) 168 final, p. 3, a Diretiva 98/26/CE «apenas abrange o primeiro segmento da política monetária, no quadro do qual o Euro-sistema alimenta o mercado no seu conjunto com meios líquidos, proporcionando-os às instituições de crédito contra garantias». Os negócios puramente bilaterais não eram abrangidos: v. Marco Schlaegel, *Die Finanzsicherheiten-Richtlinie (2002/47/EG) und ihre Umsetzung in das deutsche Recht*, Peter Lang, Frankfurt etc., 2007, p. 41; salientando também o caráter limitado da Diretiva 98/26/CE, Geoffrey Yeowart/Robin Parsons, *Yeowart and Parsons on The Law of Financial Collateral*, Elgar Financial Law and Practice, Cheltenham, 2016, p. 10 (a p. 16, os autores lembram também o âmbito restrito das instituições abrangidas). São ainda especialmente relevantes a Diretiva 2011/61/UE (DFIA – v. p. ex. arts. 14.º, 3, 21º, 10, e 23º, 1, *o*)), o já referido Regulamento (UE) 2015/2365, a Diretiva 2014/59/EU (Diretiva da resolução), o Regulamento 806/2014, que estabelece regras e um procedimento uniformes para a resolução de instituições de crédito e de certas empresas de investimento no quadro de um Mecanismo Único de Resolução (o MUR) e de um Fundo Único de Resolução bancária (o FUR) (alterando o Regulamento (EU) nº 1093/2010) e o próprio RGIC, em todos eles se encontrando normas que se aplicam aos acordos de garantia financeira e à prestação dessas garantias. No CVM, destacamos os novos arts. 306º-E e 306º-F, bem como o art. 284º. Os textos mencionados são muitas vezes difíceis de compreender porque, no que diz respeito às Diretivas, seguem de perto versões noutras línguas, e, quanto ao DL 105/2004, porque usa expressões importadas que carecem de cuidada interpretação perante as especificidades do direito nacional. Para um caso em que se discutia a constituição de uma garantia financeira que tinha por objeto ações, cfr. o Ac. RL de 17.12.2014 (Relator: Eurico Reis), www.dgsi.pt.

250 Os contratos de garantia financeira que preencham os requisitos previstos no DL 105/2004 não deixarão de conduzir à constituição de garantias financeiras previstas na lei, parece-nos. Alertando para o disposto no art. 604º, 1 e 2, do CCIv., Diogo Graça, *Os contratos de garantia financeira*, Almedina, Coimbra, 2010, p. 21.

251 Considerando que o reporte não é um *repo* (*sale and repurchase agreement*), Pestana de Vasconcelos, *Do reporte com função de crédito e garantia*, AAVV., «Nos 20 anos do Código das Sociedades Comerciais. Homenagem aos Profs. Doutores A. Ferrer Correia, Orlando de Carvalho e Vasco Lobo Xavier», vol. III, Coimbra Editora, Coimbra, 2007, p. 10, nt. 4 e António Menezes Cordeiro, «Repurchase Agreements», RDS, 2013, 1/2, p. 53 e ss. A versão em língua inglesa da Diretiva 2002/47/CE usa os termos *repurchase agreements* ou *repos* no Considerando (3) e *repurchase agreements* no art. 2º, 1, *b*). A autonomia das partes é

valores mobiliários. Com efeito, no empréstimo de valores mobiliários com carácter translativo a parte que recebe inicialmente esses valores pretende, pelo menos tipicamente, aceder a eles. Não pretende obter um financiamento. O empréstimo é celebrado, normalmente, para que uma das partes possa ser titular desses valores. Muitas vezes, isso acontece para que possa cumprir outros contratos (designadamente, derivados[252]). Mas não é de afastar que se possa conceber um esquema negocial em que mesmo o empréstimo de valores mobiliários tenha a função de garantia[253]. Nomeadamente, no que diz respeito à contraprestação.

grande na celebração de *repos*. Também na Alemanha se discute quando é que um *repurchase agreement* é um *Pensionsgeschäft*: v., p. ex., CHRISTOPHER KIENLE, *§ 105. Wertpapierleihe und Wertpapier-Pensionsgeschäft*, in HERBERT SCHIMANSKY/HERMANN-JOSEF BUNTE/ HANS-JÜRGEN LWOWSKI, *Bankrechts-Handbuch*, 4. Aufl., Beck, München, 2011, Rn. 16 e 18. Sobre as diferenças entre *repo* e *buy-sell back transaction*, THOMAS KEIJSER, *Financial collateral arrangements. The European Collateral Directive considered from a property and insolvency law perspective*, Kluwer, Deventer, 2006, p. 12. A p. 13, este último autor afirma que *repos* e empréstimos de *securities* ainda têm uma estrutura semelhante a alguns tipos de derivados. Para definições de «venda com acordo de recompra» e «compra com acordo de revenda», v. a (revogada) Diretiva 2006/49 do Parlamento Europeu e do Conselho de 14 de junho de 2006 relativa à adequação dos fundos próprios das empresas de investimento e das instituições de crédito, art. 3º, (1), *m*). JOÃO LABAREDA, *Contrato de garantia financeira e insolvência das partes contratantes*, AAVV., «Estudos dedicados ao Professor Doutor Luís Alberto Carvalho Fernandes», vol. II, Universidade Católica, Lisboa, p. 113, considera que o reporte será alienação fiduciária em garantia se tiver essa função atribuída pelas partes. Para ajudar a compreender os termos do problema, é necessário ter em conta que o art. 477º do CCom. considera reporte o contrato «constituído pela compra, a dinheiro de contado, de títulos de crédito negociáveis e pela revenda *simultânea* de *títulos da mesma espécie*, a termo, mas por preço determinado, sendo a compra e a revenda feitas *à mesma pessoa*» (itálicos nossos). Ora, no art. 14º do DL 105/2004 está previsto que, na alienação fiduciária em garantia, o beneficiário da garantia restitua, até à data ali prevista, «a *garantia financeira prestada* ou objeto equivalente» (mais uma vez, os itálicos são nossos). Sobre o reporte, v. RUY ULRICH, *Do reporte no direito commercial portuguez*, Imprensa da Universidade, Coimbra, 1906, MENEZES CORDEIRO, *Do reporte: subsídios para o regime jurídico do mercado de capitais e da concessão de credito*, «Banca bolsa e crédito. Estudos de direito comercial e direito da economia», vol. I, Almedina, Coimbra, 1990, p. 167 e ss., SOFIA NASCIMENTO RODRIGUES, *Os contratos de reporte e de empréstimo no Código dos Valores Mobiliários*, «CadMVM», ed. especial, 2000, p. 290 e ss., PESTANA DE VASCONCELOS, *Do reporte com função de crédito e garantia*, cit., p. 9-59.

[252] V., p. es., MARCO TAUTGES, *Empty Voting und Hidden (Morphable) Ownership. Die Entkopplung des Stimmrechts des Aktionärs einer börsennotierten Aktiengesellschaft von der wirtschaftlichem Betroffenheit*, Duncker & Humblot, Berlin, 2015, p. 80.

[253] Admitindo que o «stock loan» seja «title transfer financial colateral arrangement», HUGH BEALE/MICHAEL BRIDGE/LOUISE GULLIFER/EVA LOMNICKA, *The law of security and*

Um dos problemas com que a prática se defronta é o do enquadramento dos contratos celebrados. Não é indiferente que se considere estar em causa uma alienação fiduciária em garantia ou um penhor financeiro. Desde logo, por causa do regime aplicável, que pode ter consequências sérias em caso de insolvência de uma das partes[254]. Foi também esse risco de «requalificação» (*recharacterisation, Umdeutung*) que se pretendeu evitar, como resulta do Considerando 13 da Diretiva[255]. E aqui, sobretudo, através do regime relativo à lei aplicável nela contido[256]. O art. 9º da Diretiva, ao

title-based financing, 2. ed., Oxford University Press, Oxford, 2012, p. 38. Entre nós, João Labareda, *Contrato de garantia financeira e insolvência das partes contratantes*, cit., p. 113, também admite o empréstimo de valores mobiliários com função de garantia.

[254] Se, por exemplo, foi celebrado um contrato de alienação fiduciária em garantia que, depois, é «requalificado» como contrato de constituição de penhor financeiro, isso terá consequências se quem prestou a garantia for declarado insolvente: Geoffrey Yeowart/Robin Parsons, *Yeowart and Parsons on The Law of Financial Collateral*, cit., p. 325.

[255] Sobre os riscos associados à «requalificação», em particular quanto ao penhor financeiro e figuras equivalentes, Geoffrey Yeowart/Robin Parsons, *Yeowart and Parsons on The Law of Financial Collateral*, cit., p. 9: «Generally, the recharacterised arrangement would not satisfy the necessary formalities and restrictions, and therefore could be void, vulnerable to avoidance or otherwise unenforceable».

[256] O art. 9º da Diretiva 2002/47/CE, sob a epígrafe «Conflito de leis», estabelece no seu nº 1 que qualquer questão sobre alguma das «matérias especificadas no nº 2, colocada em relação a uma garantia sob a forma de títulos escriturais, será regulada pela lei do país em que a conta de referência está localizada. A referência à lei do país deve ser entendida como uma referência ao seu direito interno [...]». O art. 2º, 1, *g*), da Diretiva define «garantia sob a forma de títulos escriturais» como «uma garantia financeira que tenha sido prestada ao abrigo de um acordo de garantia financeira que consista em instrumentos financeiros e cuja titularidade seja comprovada pela inscrição num registo ou numa conta mantida por um intermediário ou em seu nome». Em causa estão, não «títulos» escriturais, mas instrumentos financeiros com representação escritural ou, julgamos nós, sujeitos ao seu regime (na versão em francês, «instruments financiers transmissibles par inscription en compte»). A «conta de referência», por sua vez, é, «em relação às garantias sob a forma de títulos escriturais, no quadro de um acordo de garantia financeira, o registo ou a conta – que podem ser mantidos pelo beneficiário da garantia – em que são feitas as inscrições, mediante as quais essa garantia é prestada ao beneficiário da garantia» (art. 2º, 1, *h*), da Diretiva 2002/47/CE). Assim, a conta de referência é identificada a partir do registo ou conta em que são feitas as inscrições para a prestação da garantia (tudo dependendo também de saber se se trata de penhor ou de alienação fiduciária em garantia). Como os registos ou contas em que são feitas as inscrições são mantidos por intermediários, estamos ainda perante uma aplicação da regra ou princípio PRIMA (*Place of the Relevant Intermediary Approach* ou *Place of the Relevant Intermediary Account*). Sobre o tema, v. Marco Schlaegel, *Die Finanzsicherheiten-Richtlinie (2002/47/EG) und ihre Umsetzung in das deutsche Recht*, cit., p. 85 e ss., alertando para as dificuldades em identificar o local do

remeter para a «lei do país em que a conta de referência está localizada», torna mais fácil saber qual é essa lei. E isso não é de importância diminuta, pois uma parte muito considerável das garantias financeiras tem natureza «transfronteiriça»[257].

O tema que vamos tratar não interessa apenas às grandes sociedades e às instituições financeiras. Com efeito, tendo em conta os sujeitos que podem intervir na celebração do contrato (neles se incluindo, como veremos, as sociedades comerciais), não está afastado que as PMEs prestem

registo ou conta e para alguma indefinição no art. 9º da Diretiva que terá sido motivada pela aproximação da Conferência de Haia para discutir temas relacionados. Para o autor, decorre da Proposta de Diretiva [COM(2001)168 final] que o acordo de garantia financeira será sujeito à lei escolhida pelas partes e isso deverá permitir identificar o local da conta de referência (p. 93). Identificando seis locais que poderiam ser tidos em consideração, GEOFFREY YEOWART/ROBIN PARSONS, *Yeowart and Parsons on The Law of Financial Collateral*, cit., p. 318. O regime previsto no art. 9º da Diretiva não pode ser afastado por convenção das partes, o que se compreende tendo em conta os interesses de terceiros que podem estar em causa. Sobre a influência que teve o art. 9º, 2, da Diretiva 98/26/CE, GEOFFREY YEOWART/ROBIN PARSONS, últ ob. cit., p. 28, Quanto à *Convenção da Haia sobre a legislação a aplicar a certos direitos respeitantes a valores mobiliários detidos junto de intermediários*, v. MARIA HELENA BRITO, *A Convenção da Haia sobre a lei aplicável a certos direitos respeitantes a valores mobiliários depositados num intermediário*, «DVM», V, 2004, p. 91-126, e GEOFFREY YEOWART/ROBIN PARSONS, últ. ob. cit., p. 318 e ss. (dando ênfase à importância conferida à lei que regula o acordo relativo à conta e referindo-se a uma *Party Autonomy Approach* limitada pelo *Qualifying Office Test*); quanto aos problemas que as cadeias de intermediários colocam, LIMA PINHEIRO, *Direito aplicável às operações sobre instrumentos financeiros*, «DVM», IX, 2009, p. 141-192, especialmente p. 170 e ss.. V. tb., com interesse, a *Convenção de Genebra sobre regras substantivas para valores mobiliários intermediados* (*Convention on Substantive Rules for Intermediated Securities*, de 9 de outubro de 2009), e, sobre os trabalhos preparatórios, MIGUEL GALVÃO TELES, *Unidroit preliminary draft convention on substantive rules regarding securities held with an intermediary*, «DVM», VI, 2006, p. 427-474. O art. 21º do DL 105/2004 utiliza o critério da localização da conta em que é feito o registo da garantia para determinar a lei aplicável às matérias ali identificadas. O art. 9º da Diretiva 2002/47 faz referência a «títulos escriturais», mas deve ser relembrado o art. 2º, 1, *g*), da mesma.

[257] Sobre a importância do *cross-border-use* de valores mobiliários como garantias no comércio interbancário, ANNINA BINTZ, *Die grenzüberschreitende Verwendung von Wertpapieren als Sicherheiten*, Peter Lang, Frankfurt, 2008, p. 98 e s.; referindo-se aos casos em que é admitida a abertura de contas de registo individualizado de valores mobiliários junto da entidade gestora do sistema centralizado de valores mobiliários (art. 91º, 6, do CVM) e a outras possíveis soluções que facilitam a constituição de garantias sobre valores mobiliários em situações transfronteiriças, ANDRE FIGUEIREDO, *Novidades da infraestrutura do mercado de capitais: o Regulamento nº 909/2014 relativo à melhoria da liquidação de valores mobiliários na União Europeia e às Centrais de Valores Mobiliários*, in AAVV, «Direito dos valores mobiliários», AAFDL/IVM, Lisboa, 2016 (e-book), p. 246.

garantias financeiras para conseguirem obter financiamento. Isso obriga a particulares cautelas tendo em conta o que pode ficar convencionado[258]. Por outro lado, o regime das garantias financeiras concede vantagens assinaláveis ao credor garantido no caso de insolvência do devedor. As PMEs credoras do mesmo devedor poderão, por isso, ter surpresas negativas quando, no processo de insolvência, verificarem que, afinal, nada há para lhes pagar no património do devedor.

De acordo com o art. 16º, 3, do CIRE, o que neste Código se acha disposto «não prejudica o regime constante de legislação especial relativa a contratos de garantia financeira». Mas não se pode dizer que todo o CIRE seja afastado. Isso mesmo deve ser tido em conta na leitura das linhas que se seguem.

A complexidade das matérias abordadas é grande. Destacamos os aspetos relacionados com os requisitos para a constituição das garantias financeiras, os direitos de apropriação e de disposição no penhor financeiro, e os já mencionados riscos de requalificação na alienação fiduciária[259] e o regime aplicável em caso de insolvência. É disso que falaremos a seguir.

2. Os requisitos dos arts. 3º a 7º do DL 105/2004

2.1. Nota prévia

Os requisitos dos arts. 3º a 7º dizem respeito aos *sujeitos* que podem intervir nos contratos, às *obrigações financeiras garantidas*, ao *objeto* das garantias financeiras, ao *desapossamento* e à *prova*. É a esses requisitos que vamos agora dedicar a nossa atenção. Mas sem esquecer que é o próprio DL 105/2004, no seu art. 22º, que estabelece serem de aplicar os «regimes comum ou especial estabelecidos para outras modalidades de penhor ou reporte» no que não estiver previsto naquele diploma.

2.2. Os sujeitos (*dramatis personae*)

Os contratos de garantia financeira apenas podem ter como prestadores e beneficiários sujeitos que integrem uma das categorias enumeradas no art. 3º, 1, do DL 105/2004: «a) Entidades públicas [...]; *b)* Banco de Portu-

[258] Alertando para isso mesmo, THOMAS KEIJSER, *Financial collateral arrangements. The European Collateral Directive considered from a property and insolvency law perspective,* Kluwer, Deventer, 2006, p. 284.

[259] Não abordaremos as questões relativas ao tratamento das garantias financeiras em processo de insolvência ou no âmbito da resolução de instituições de crédito.

gal, outros bancos centrais, Banco Central Europeu, Fundo Monetário Internacional, Banco de Pagamentos Internacionais, bancos multilaterais de desenvolvimento [...], Banco Europeu de Investimento; *c)* Instituições sujeitas a supervisão prudencial [...]; *d)* Uma contraparte central, um agente de liquidação ou uma câmara de compensação, tal como definidos [...], incluindo instituições similares regulamentadas no âmbito da legislação nacional [...]; *e)* Uma pessoa que não seja pessoa singular, que atue na qualidade de fiduciário u de representante por conta de uma ou mais pessoas, incluindo [...]); na al. *f)* são, inclusivamente, mencionadas as pessoas coletivas, estando aí abrangidas as sociedades comerciais, desde que a outra parte seja uma das outras entidades mencionadas nas als. *a)* a *d)*[260]. A Proposta de Diretiva de março de 2001 não previa essa possibilidade, mas o alargamento verificado no texto final parece ter ficado a dever-se à pressão da ISDA (International Swaps and Derivatives Association) e da FBE (Fédération Bancaire de l'Union Européenne)[261].

A Diretiva, por seu lado, admite que a lei interna exclua a referida possibilidade (art. 1º, 2, *e)*), mas o legislador nacional não seguiu esse caminho. Temos, assim, soluções que fazem sobretudo sentido para os chamados *big players* e para a criação de liquidez nos mercados internacionais[262] que serão também aplicáveis à arraia-miúda[263]. Daí o relevo que o conhecimento do regime das garantias financeiras tem para as PMEs.

[260] Os regimes de cada categoria podem estabelecer limitações. Entre nós, considerando que o DL 105/2004 consagra na al. *f)* do art. 3º, 1, um regime mais restritivo do que o previsto na Diretiva por não fazer referência a contratos celebrados com os sujeitos mencionados na al. *e)*, Alexandre Jardim, *Acordos de garantia financeira: o respectivo regime jurídico face ao Decreto-Lei 105/2004, de 8 de Maio. Algumas questões*, «RB», 62, julho/dezembro, 2006, p. 144, Diogo Graça, *Os contratos de garantia financeira*, cit., p. 26, nt. 40. O prestador e o beneficiário da garantia devem pertencer a uma das categorias mencionadas no art. 3º, 1. Parece, assim, que as pessoas coletivas identificadas na al. *f)* podem ser também beneficiários da garantia. Mas v., considerando que o credor é instituição de crédito ou entidade equiparada e que só será sujeito ativo das obrigações garantidas um profissional do setor, Menezes Cordeiro, *Manual de direito bancário*, 6ª ed., Almedina, Coimbra, 2016, p. 825.

[261] Thomas Keijser, *Financial collateral arrangements. The European Collateral Directive considered from a property and insolvency law perspective*, cit., p. 51.

[262] V. Thomas Keijser, *Financial collateral arrangements. The European Collateral Directive considered from a property and insolvency law perspective*, cit., p. 3. A liquidez é conseguida, como o autor descreve a p. 17, através da possibilidade de o beneficiário dispor do objeto da garantia.

[263] Referindo-se, para o direito austríaco, a transações entre, de um lado, «ein «professioneller» Akteur» dos mercados financeiros e, do outro, pessoas coletivas ou um *Einzelunternehmer*,

Note-se, porém, que a lei portuguesa não admite que as pessoas singulares sejam beneficiárias ou prestadores de garantias financeiras. Isso está, aliás, em conformidade com o texto em português da Diretiva 2003/47/CE[264].

Mais recentemente, o art. 306º-E do CVM (aditado pela Lei 35/2018) veio estabelecer, no seu nº 1, que o «intermediário financeiro não pode celebrar acordos de garantia financeira com transferência de titularidade com investidores não profissionais como forma de garantir obrigações desses clientes, incluindo obrigações futuras ou potenciais». Se o acordo de garantia financeira com transferência de titularidade for celebrado entre o intermediário financeiro e um investidor profissional, o nº 2 obriga a uma avaliação e ponderações prévias.

2.3. As obrigações financeiras garantidas

Quanto às obrigações financeiras garantidas, o art. 4º do DL 105/2004 revela que são obrigações abrangidas por contrato de garantia financeira cuja prestação consiste em liquidação em numerário[265] ou na entrega de

Thomas Krumhuber/Andreas Zahradnik, *Finanzsicherheiten-Gesetz*, cit., p. 28. Os mencionados autores, a p. 41, alertam também para os riscos que o afastamento dessa possibilidade trará consigo para as empresas de um determinado Estado-Membro que escolha tal solução.

264 A versão em língua alemã da Diretiva permite que *Einzelkaufleute* sejam beneficiários ou prestadores. Lembrando isso mesmo, Christoph Thole, *§ 130*, in Godehard Kayser/Christoph Thole (her.), *Insolvenzordnung*, 8. Aufl., C.F. Müller, Heidelberg, 2016, Rn. 50 (o art. 1º, 2, *d)*, da Diretiva exclui «natürliche Personen, die nicht Kaufleute sind»). No entanto, o *Einzelkaufmann* não é sempre e apenas uma pessoa singular: cfr., p. ex., a propósito do § 28 do *HGB*, Jan Thiessen, *§ 28*, in Karsten Schmidt (her.), *Münchener Kommentar zum HGB*, Bd. 1., 4. Aufl., Beck (Beck-online), 2016, Rn. 19 (para quem o conceito pode abranger também *«Personenhandelsgesellschaften», «juristische Personen» e, segundo alguns, a «Erbengemeinschaft»)*, Patrick Bömecke, *§ 28*, in Martin Häublein/Roland Hoffmann-Theinert, *Beck'scher On-Line Kommentar HGB*, 14. Edition, Stand: 01.08.2016, Beck (Beck-online), München, 2016, Rn. 4 (defendendo que o conceito de «*Einzelkaufmann*» utilizado no § 28 do HGB não deve ser lido em sentido técnico, mas como abrangendo até «*Personenhandelsgesellschaften, Kapitalgesellschaften* und *juristische Personen iSv § HGB § 33»)*. Na Áustria, Thomas Krumhuber/Andreas Zahradnik, *Finanzsicherheiten-Gesetz*, 2. Aufl., Verlag Österreich, Wien, 2012, p. 47, afirmam também que a Diretiva não abrange «natürliche Personen im Privatbereich».

265 É discutível se o *numerário em que devem ser liquidadas as obrigações financeiras cobertas* pode ou não abranger o pagamento em dinheiro «vivo». É que o art. 2º, 1, *d)*, da Diretiva 2002/47 considera numerário o «dinheiro creditado numa conta, em qualquer moeda, ou créditos similares que confiram o direito à restituição de dinheiro, tais como depósitos no

instrumentos financeiros. Podemos assim estar perante empréstimos ou em face de esquemas negociais muito mais complexos: pense-se nas obrigações que resultam dos chamados derivados e nas garantias prestadas nesse âmbito[266].

De acordo com o art. 2º, 1, *f)*, da Diretiva 2002/47/CE, as «Obrigações financeiras cobertas» as «podem consistir total ou parcialmente em: *i)* obrigações presentes ou com prazo certo, efetivas, condicionais ou futuras, incluindo as obrigações decorrentes de um acordo principal ou de um instrumento semelhante, *ii)* obrigações em relação ao beneficiário da garantia, a cargo de uma pessoa que não o prestador da garantia, *iii)* obrigações ocasionais, de uma determinada categoria ou tipo»[267].

2.4. O objeto da garantia

No que diz respeito ao objeto da garantia, o mesmo pode consistir em numerário, instrumentos financeiros e créditos sobre terceiros. O *numerário* é aqui entendido como *saldo disponível de conta bancária ou créditos simi-*

mercado monetário», sendo muito próxima a redação do art. 5º, 1, *a)*, do DL 105/2004. Mas o *numerário em que devem ser liquidadas as obrigações financeiras cobertas* não se confunde com o *numerário objeto de garantia* (de que se tratará no ponto seguinte). Defendendo que estará abrangido no art. 4º do DL 105/2004 «o pagamento de dinheiro, seja qual for o modo como ele opere em termos liberatórios, incluindo o recurso a meios de pagamento e, até, no limite, a entrega física, se o devedor assim quiser desonerar-se e não houver razões que o credor possa legitimamente invocar para afastar o dever de receber por essa via», João Labareda, «Contrato de garantia financeira e insolvência das partes contratantes», cit., p. 108; aceitando também que a obrigação de pagamento pode dizer respeito a «dinheiro vivo, crédito em conta, cheque», Sofia Borges, *A transposição em Portugal da Directiva dos acordos de garantia financeira*, «Actualidad Jurídica Uría Menendez», 13, 2006, p. 84; por sua vez, Engrácia Antunes, *Direito dos contratos comerciais*, Almedina, Coimbra, 2009, aceita que nas obrigações garantias que tenham por objeto liquidação em numerário esta pode dizer respeito a dinheiro, letras e cheques.

266 Sobre o tema, Marco Schlaegel, *Die Finanzsicherheiten-Richtlinie (2002/47/EG) und ihre Umsetzung in das deutsche Recht*, cit., p. 19 e ss., abordando os negócios a termo realizados em «bolsa» e OTC. Quanto à importância dos *collateral arrangements* para garantir a exposição líquida no âmbito de um *master agreement*, Geoffrey Yeowart/Robin Parsons, *Yeowart and Parsons on The Law of Financial Collateral*, cit., p. 11.

267 Considerando que as obrigações financeiras garantidas podem ser futuras, condicionais, do próprio garante ou de terceiro, Calvão da Silva, *Banca, bolsa e seguros*, cit., p. 223. Criticando a contraposição obrigações presentes/obrigações com prazo certo, Vieira Cura, *A «fiducia» romana e a alienação fiduciária em garantia no direito actual*, cit., p. 208, nt. 123 («as obrigações que se contrapõem às que têm prazo certo são as puras»).

lares que confiram direito à restituição de dinheiro[268]. Não abrange, assim, notas e moedas.

Quanto aos instrumentos financeiros, estes incluem os valores mobiliários (e, portanto, também as ações), os instrumentos do mercado monetário e créditos ou direitos relativos aos referidos instrumentos financeiros (art. 5º, 1, do DL 105/2004)[269].

Mais uma vez, o legislador nacional poderia ter sido mais cauteloso. É que o art. 1º, 4, *b)*, da Diretiva *permitia excluir* a possibilidade de constituição de garantias financeiras sobre, por exemplo, ações próprias do prestador de garantia.

268 Como se lê no Considerando (18) da Diretiva 2002/47/CE, pretende-se que seja «possível fornecer garantias em numerário segundo sistemas de transferência da titularidade e de constituição de garantia real, protegidos respetivamente pelo reconhecimento da compensação ou pelo penhor do montante em numerário». Quanto ao dinheiro virtual, não parece que seja numerário.

269 A Diretiva 2002/47 define os instrumentos financeiros no seu art. 2º, 1, *e)*, da seguinte forma: «ações e outros valores mobiliários equivalentes a ações, bem como obrigações e outros instrumentos de dívida, se forem negociáveis no mercado de capitais, e quaisquer outros valores mobiliários habitualmente negociados e que confiram o direito a adquirir tais ações, obrigações ou outros valores mobiliários através de subscrição, compra ou troca ou que deem lugar a uma liquidação em numerário (com a exclusão dos meios de pagamento) incluindo as unidades de participação em organismos de investimento coletivo, os instrumentos do mercado monetário e os créditos ou direitos sobre quaisquer dos instrumentos referidos ou a eles associados». No que diz respeito às ações e valores mobiliários equivalentes, não parece que tenham que ser negociáveis no mercado de capitais. Na versão em língua inglesa do art. 2º, 1, *e)*, lê-se: «shares in companies and other securities equivalent to shares in companies and bonds and other forms of debt instruments if these are negotiable on the capital market, and any other securities which are normally dealt in and which give the right to acquire any such shares, bonds or other securities by subscription, purchase or exchange or which give rise to a cash settlement (excluding instruments of payment), including units in collective investment undertakings, money market instruments and claims relating to or rights in or in respect of any of the foregoing». Geoffrey Yeowart/Robin Parsons, *Yeowart and Parsons on The Law of Financial Collateral*, cit., p. 59, nt. 37, consideram que resulta dos trabalhos preparatórios da Diretiva que estariam excluídas as «shares in private companies» e que, ao surgir feita a referência a «any other securities which are normally dealt in [...]», se estaria a dizer que os instrumentos financeiros anteriormente enumerados também teriam normalmente que ser «dealt in». A questão surge também colocada entre nós por Alexandre Jardim, *Acordos de garantia financeira: o respectivo regime jurídico face ao Decreto-Lei 105/2004, de 8 de Maio. Algumas questões*, cit., p. 161 e ss., e por Diogo Graça, *Os contratos de garantia financeira*, cit., p. 33, nt. 58. Convém ainda lembrar que os créditos ou direitos relativos aos instrumentos financeiros referidos ou a eles associados são realidades muito diversas: sobre isto, Sofia Borges, *A transposição em Portugal da Directiva dos acordos de garantia financeira*, cit., p. 85.

Como a lei portuguesa não o fez, é possível que a sociedade devedora, para obter crédito, constitua uma garantia financeira sobre as suas ações próprias[270]. Naturalmente que na altura em que o credor tem que recorrer à garantia a situação da própria sociedade emitente das ações e devedora pode ser muito má. Aquela garantia pode, assim, ser um balão cheio de ar.

Relativamente aos créditos sobre terceiros, só estão em causa os que sejam pecuniários e «decorrentes de um acordo mediante o qual uma instituição de crédito concede um crédito sob a forma de empréstimo» (art. 5º, 1, *c)*, do DL 105/2004). Por outro lado, quando o prestador ou o beneficiário da garantia não seja uma das entidades mencionadas no art. 3º, 1, *b)* do DL 105/2004[271], ficam excluídos os créditos concedidos a quem seja considerado consumidor, de acordo com a L 24/96, ou a microempresas ou pequenas empresas, tal como estas são entendidas na Recomendação 2003/361/CE, da Comissão Europeia (art. 5º, 2, do DL 105/2004)[272].

2.5. O desapossamento ou o controlo

A *celebração do contrato* de garantia financeira não se confunde com a *prestação* da garantia financeira[273]. De acordo com o art. 6º, 2, do DL 105/2004, uma garantia financeira considera-se *prestada* se o respetivo *objeto* foi «entregue, transferido, registado» ou de outro modo «se encontre na posse ou sob o controlo do beneficiário da garantia ou de uma pessoa que atue em nome deste, incluindo a composse ou o controlo conjunto com o proprietário»[274].

[270] Respeitando, obviamente, o respetivo regime contido no CSC. Lembrando isso mesmo, Calvão da Silva, *Banca, bolsa e seguros*, cit., p. 223.

[271] «Banco de Portugal, outros bancos centrais, Banco Central Europeu, Fundo Monetário Internacional, Banco de Pagamentos Internacionais, bancos multilaterais de desenvolvimento nos termos referidos no Aviso do Banco de Portugal nº 5/2007 e Banco Europeu de Investimento».

[272] Quanto aos consumidores, às microempresas e às pequenas empresas foi utilizada a possibilidade aberta pelo art. 1º, 4, *c)*, da Diretiva 2002/47/CE.

[273] Como resulta do art. 1º, 5, da Diretiva 2002/47/CE, esta só é aplicável «à garantia financeira desde que tenha sido prestada e se tal puder ser provado por escrito». O art. 6º, 1, do DL 105/2004 também estabelece que o «diploma é aplicável às garantias financeiras cujo objeto seja efetivamente prestado».

[274] No art. 2º, 2, da Diretiva 2002/47/CE lê-se que na «presente diretiva, as referências à garantia financeira que é «prestada»ou à «prestação» de uma garantia financeira dizem respeito à garantia financeira que é entregue, transferida, detida, registada ou objeto de outro tratamento, de tal modo que esteja na posse ou sob o controlo do beneficiário da garantia

Daí resulta o chamado desapossamento ou controlo, que pode consistir, designadamente, no simples registo do objeto da garantia (quando tal seja admissível)[275]. E isso tem especial interesse quando falamos de valores mobiliários escriturais, tendo em conta o respetivo regime de transmis-

ou de uma pessoa que atue em nome do beneficiário da garantia [...]». O Considerando (9) esclarece que «a única condição de validade em relação às partes suscetível de ser imposta pelo direito nacional relativamente à garantia financeira deverá ser que esta esteja sob o controlo do beneficiário da garantia ou de uma pessoa que aja em seu nome [...]». Discute-se, porém, se a Diretiva exigia o desapossamento ou controlo também na alienação fiduciária em garantia: v. Geoffrey Yeowart/Robin Parsons, *Yeowart and Parsons on The Law of Financial Collateral*, cit., p. 167, nt. 2, parecendo concordar com quem entende que «the transfer of the 'full ownership' of, or 'full entitlement' to, the financial colateral under a title transfer financial colateral arrangement necessarily imports the concept of dispossession». O desapossamento pode ser conseguido de formas muito variadas. Sobre o recurso a uma PADI (*Properly Authenticated Dematerialized Instruction*) e a uma TTE (*Transfer To Escrow*), Hugh Beale/Michael Bridge/Louise Gullifer/Eva Lomnicka, *The law of security and title-based financing*, cit., p. 44. Os mesmos autores, a p. 45, dão conta das dificuldades em conceber um desapossamento quanto às «intermediated securities» (*securities* em regime de titularidade indireta ou intermediada). Charles Proctor, *The law and practice of international* banking, 2. ed., Oxford University Press, Oxford, 2015, p. 643, mostra os riscos envolvidos na falta de posse ou controlo referindo o caso *Re F2G Realisations* Ltd, em que o cliente do banco manteve o direito de utilizar a conta sem consentimento do banco, e o caso *Re Lehman Brothers International (Europe) (in administration)*, em que o beneficiário da garantia «did not monitor the content of the security package and the customer had the right to withdraw and to deal with the assets held within the custodian account». Quanto ao desapossamento no penhor financeiro sobre fundos depositados em conta bancária, v. tb. Ac. TJ de 10 de novembro de 2016, Proc. C-156/15 (*Private Equity Insurance Group SIA c. Swedbank AS*). No que diz respeito às ações, o desapossamento ou controlo levanta questões interessantes no que diz respeito ao exercício dos direitos sociais (direito aos lucros de exercício distribuíveis, direito de voto, etc.): que direitos pode exercer quem constitui a garantia? Sobre isto, Geoffrey Yeowart/Robin Parsons, *Yeowart and Parsons on The Law of Financial Collateral*, cit., p. 207 e ss.. Defendendo que, na alienação fiduciária em garantia, o contrato será real e que «o acordo de vontades das partes não é suficiente para a perfeição do contrato», Vieira Cura, *A «fiducia» romana e a alienação fiduciária em garantia no direito actual*, AAVV, «O sistema contratual romano: de Roma ao direito actual», Faculdade de Direito de Lisboa, Lisboa, 2010, p. 206.

275 Como alerta o Advogado Geral M. Szpunar nas conclusões do processo C-156/15 (*Private Equity Insurance Group SIA c. Swedbank AS*), nt. 19, a Comissão «sugere que a 'posse ou o controlo' constituem uma única condição, enquanto que, do ponto de vista da jurisprudência invocada pelo Governo do Reino Unido, bem como da doutrina do direito inglês, se trata de dois critérios alternativos». Afirmando precisamente que se trata de critérios alternativos, Geoffrey Yeowart/Robin Parsons, *Yeowart and Parsons on The Law of Financial Collateral*, cit., p. 183.

são e oneração[276]. É, porém, necessário ter em conta, também aqui, que, no que diz respeito às garantias «sob a forma de títulos escriturais», o art. 2º, 1, *g*), da Diretiva 2002/47/CE tem em vista apenas os casos em que a «titularidade seja comprovada pela inscrição num registo ou numa conta *mantida por um intermediário ou em seu nome*» (itálico nosso)[277].

Nos casos referidos no art. 6º, 3, do DL 105/2004, a posse transfere-se para o beneficiário da garantia «por mero efeito do contrato de garantia financeira». Esse regime aplica-se se as garantias financeiras são prestadas ao banco central pelas instituições de crédito, no âmbito de operações de cedência de liquidez, desde que tenham por objeto créditos sobre terceiros.

O art. 2º, 2, da Diretiva 2002/47/CE admite que o prestador da garantia tenha o direito de *substituir ou retirar o seu excedente* e, tratando-se de créditos sobre terceiros, de *cobrar* os respetivos proveitos até nova ordem. Isso não prejudica a garantia financeira já prestada[278]. Mas também se demonstra assim que o direito de retirar a garantia (e não apenas o excedente) prejudica a garantia financeira prestada[279].

[276] Hugh Beale/Michael Bridge/Louise Gullifer/Eva Lomnicka, *The law of security and title-based financing*, cit., p. 45, revelam como, em casos de intermediação, a posse ou controlo podem ser alcançados, justamente, através de um registo em nome de alguém que age por conta do beneficiário da garantia: «a chargee who gets the securities credited to an account in its own name or in the name of someone acting on its behalf has 'possession or control'». A p. 52, os mesmos autores mostram alguns dos riscos envolvidos nas garantias que têm como objeto instrumentos financeiros ou numerário que são mantidos («hold for») por terceiro por conta do prestador da garantia, pois será necessário que o beneficiário da garantia tenha, perante esse terceiro, o direito de impedir o prestador de utilizar a garantia (salvo no que diz respeito ao eventual direito de substituir ou retirar o excedente).

[277] Por isso mesmo é que nas *Erläuternde Bemerkungen* à *Regierungsvorlage* da lei austríaca, reproduzidas por Thomas Krumhuber/Andreas Zahradnik, *Finanzsicherheiten-Gesetz*, cit., p. 57, se afirma que o «Aktienbuch (§ 61 Abs. 1 AktG 1965) ist damit aber nicht gemeint» e que se trata de um «besonderer sachenrechtlicher Modus» (p. 67). Por outro lado, e como já vimos, o Considerando (10) da Diretiva 2002/47/CE afasta do âmbito dos atos formais o endosso ou inscrição no registo do emitente a «transferência ou constituição de penhor sobre instrumentos financeiros *que não sejam títulos escriturais*» (itálico nosso). V. tb., com importância os arts. 3º, 2, e 76º do Regulamento (UE) 909/2014.

[278] Como se lê no Considerando (9) da Diretiva 2002/47/CE, «a única condição de validade em relação às partes suscetível de ser imposta pelo direito nacional relativamente à garantia financeira deverá ser que esta esteja sob o controlo do beneficiário da garantia ou de uma pessoa que aja em seu nome, não excluindo técnicas de garantia que permitam ao prestador da garantia substituí-la ou retirar o seu excedente [...]».

[279] Caso contrário, «the right to withdraw excess colateral would be redundant»: Hugh Beale/Michael Bridge/Louise Gullifer/Eva Lomnicka, *The law of security and*

O facto de, no caso de o objeto ser constituído por créditos sobre terceiros, se admitir que o prestador da garantia mantenha o direito de cobrar «os respetivos proveitos até nova ordem», revela, por um lado, que esse desapossamento não carece da concessão, ao beneficiário da garantia, do direito de cobrar esses «proveitos»[280]. Mas, por outro lado, torna mais difícil compreender em que consiste o desapossamento. Sobretudo, quanto à necessidade de obter a colaboração do terceiro devedor[281].

2.6. Prova (e «formalidades»)

De acordo com o art. 7º do DL 105/2004, o regime do diploma aplica-se aos *contratos de garantia financeira* e às *garantias financeiras* «cuja celebração e prestação sejam suscetíveis de prova por documento escrito ou de forma juridicamente equivalente»[282]. Note-se que se está apenas a exigir que essas formas sejam respeitadas para a *aplicação do regime* em causa (incluindo, obviamente, as regras para os casos de insolvência) e não para a validade dos atos.

Como já resulta do que foi acima exposto, não é só a prova por documento escrito que vale: também se admite a *forma juridicamente equivalente*. E o art. 7º, 2, do DL 105/2004 considera que o «registo em suporte eletrónico ou em outro suporte duradouro equivalente cumpre a exigência de prova por documento escrito ou de forma juridicamente equivalente à forma escrita»[283].

title-based financing, cit., p.49. Os autores (p. 50 e s.) destacam ainda a necessidade de, pelo menos relativamente a instrumentos financeiros e numerário, existir *legal and practical control*, embora admitam que isso é contestado.

[280] Chamando a atenção para isso mesmo, Hugh Beale/Michael Bridge/Louise Gullifer/Eva Lomnicka, últ. ob. cit., p. 69, embora alertando, a p. 70, para o facto de uma interpretação restritiva considerar que a cobrança pelo prestador da garantia só fará sentido quanto aos casos em que o fim é o de «reducing excess colateral»

[281] Sobre o tema, contrapondo uma leitura *liberal* a uma abordagem *restritiva*, Hugh Beale/Michael Bridge/Louise Gullifer/Eva Lomnicka, *The law of security and title-based financing*, cit., p. 67. Lembrando as razões que justificaram a possibilidade de ter créditos como objeto de garantia financeira, Geoffrey Yeowart/Robin Parsons, *Yeowart and Parsons on The Law of Financial Collateral*, cit., p. 218, que mencionam o interesse da solução para obter liquidez junto do BCE.

[282] Como lembra Calvão da Silva, *Banca, bolsa e seguros*, cit., p. 227, o art. 364º, 2, do CCiv. estabelece que se «resultar claramente da lei que o documento é exigido apenas para prova da declaração, pode ser substituído por confissão expressa, judicial ou extrajudicial, contanto que, neste último caso, a confissão conste de documento de igual ou superior valor probatório».

[283] Aceitando a prova por e-mail e por outras mensagens eletrónicas que aparecem por escrito num écran e através de gravação de negociações telefónicas, Hugh Beale/Michael

O regime nacional parece, a um primeiro olhar, mais generoso do que o que resulta da Diretiva 2002/47 quanto à prestação de garantia financeira, visto que tanto o respetivo art. 1º, 5, como o seu art. 3º, 2, apenas fazem referência à prova por uma «forma juridicamente equivalente» relativamente ao *acordo* de garantia financeira (e não relativamente à *prestação* da garantia). Mas o Considerando (10) admite a *prova da prestação* da garantia por escrito ou num suporte duradouro e o art. 2º, 3, acrescenta que na Diretiva a referência a «por escrito» inclui o «registo em suporte eletrónico ou em qualquer outro suporte duradouro»[284].

Fundamental é que a *prova da prestação* da garantia financeira permita *identificar o objeto* correspondente. Essa exigência surge, assim, prevista para a prestação de garantia, não para a celebração do contrato (art. 7º, 3, do DL 105/2004).

No que diz respeito a garantias financeiras prestadas ao banco central pelas instituições de crédito no âmbito de operações de cedência de liquidez, as que tenham por objeto créditos sobre terceiros estão sujeitas a um regime especial: para a *identificação do crédito sobre terceiros* e a *prova da prestação da garantia* (entre as partes, em relação aos devedores ou a terceiros) é suficiente «a inclusão numa lista de créditos apresentada ao beneficiá-

BRIDGE/LOUISE GULLIFER/EVA LOMNICKA, *The law of security and title-based financing*, cit., p. 46 (quanto às gravações de negociações telefónicas, os autores lembram o teor da «Posição comum (CE) N.o 32/2002 adoptada pelo Conselho em 5 de Março de 2002 tendo em vista a adopção da Directiva 2000/.../CE do Parlamento Europeu e do Conselho, de ..., relativa aos acordos de garantia financeira (2002/C 119 E/03)»). Admitindo que a garantia financeira seja prestada por declaração eletrónica ou em suporte equivalente e por conversa telefónica gravada, MENEZES CORDEIRO, *Manual de direito bancário*, cit., p. 829.

[284] Admitindo que o escrito seja posterior ao acordo ou à prestação, HUGH BEALE/MICHAEL BRIDGE/LOUISE GULLIFER/EVA LOMNICKA, *The law of security and title-based financing*, cit., p. 46. Os autores aceitam, inclusivamente, que um registo eletrónico gerado automaticamente por sistema de computador através do qual a transferência seja feita é suficiente caso o registo possa ser lido no écran ou impresso, ainda que as partes não tenham celebrado o acordo ou dado instruções por escrito («it may well be that an electronic record that is automatically generated by a computer system by which the transfer is made would satisfy this requirement if the record can be read on screen or printed out, even though the parties had not made an agreement or given instructions in writing»). Também THOMAS KRUMHUBER/ANDREAS ZAHRADNIK, *Finanzsicherheiten-Gesetz*, cit., p. 69, admitem que a prova escrita seja «ex post», pois não terá «eficácia constitutiva» («konstitutive Wirkung für die Bestellung der Finanzsicherheit»)

rio da garantia por escrito, ou de forma juridicamente equivalente à forma escrita» (art. 7º, 4, do DL 105/2004)[285].

Mas se, por um lado, é exigida prova, nos termos expostos, quanto à celebração do contrato e à prestação da garantia para que seja aplicável o DL 105/2004, por outro o art. 8º, 1, deste mesmo diploma estabelece que «a validade a eficácia ou a admissibilidade como prova de um contrato de garantia financeira e da prestação de uma garantia financeira não dependem da realização de qualquer ato formal». O preceito tem em vista, evidentemente, outras eventuais exigências para além das que resultam dos arts. 6º e 7º.

Se o *objeto* da garantia financeira é constituído por *créditos sobre terceiros*, o art. 8º, 3, do DL 105/2004 ressalva a existência de regimes de «registo ou notificação, para efeitos de conclusão, prioridade, execução ou admissibilidade enquanto prova contra o devedor ou terceiros»[286]. Mas, por outro lado, se as garantias que têm por objeto créditos sobre terceiros são prestadas por instituições de crédito ao banco central «no âmbito de operações de cedência de liquidez», tais garantias «não dependem de registo nem de notificação ao devedor» e prevalecem «sobre quaisquer outros direitos sobre os mesmos créditos, ainda que registados ou notificados ao devedor em data posterior à constituição do penhor financeiro» (art. 8º, 4). Porém, o art. 11º, 4, *c)*, também exige, em regra, na execução do penhor financeiro de créditos sobre terceiros constituído a favor do banco central pelas instituições de crédito no âmbito das operações de cedência de liquidez, a notificação como requisito de «eficácia em relação ao devedor do crédito empenhado».

O Considerando (10) da Diretiva 2002/47/CE ajuda a compreender melhor o sentido dos preceitos mencionados: «a celebração, validade, conclusão, exequibilidade ou admissibilidade enquanto prova de um acordo de

[285] Existem aqui claras diferenças relativamente ao que consta do art. 1º, 5, da Diretiva 2002/47/CE. Defendendo que o DL 192/2012 não revogou o nº 4 do art. 7º, na sua anterior redação, e que veio, isso sim, aditar um nº 5, Calvão da Silva, *Banca, bolsa e seguros*, cit., p. 226. O atual nº 4 tem em vista apenas garantias financeiras prestadas ao banco central pelas instituições de crédito no âmbito de operações de cedência de liquidez, as que tenham por objeto créditos sobre terceiros. Mas, por outro lado, preocupa-se com a prova entre as partes e em relação aos devedores e a terceiros.

[286] Admitindo que os Estados-Membros exijam «a prática de um ato formal, como o registo ou a notificação, para efeitos da perfeição, prioridade, execução ou admissibilidade enquanto prova contra o devedor ou contra terceiros», v. o art. 3º, II, da Diretiva 2002/47/CE.

garantia financeira, ou a prestação de uma garantia financeira no âmbito de um acordo de garantia financeira, não deverão depender da realização de qualquer ato formal, como o estabelecimento de um documento sob qualquer forma específica ou de algum modo especial, o registo num organismo oficial ou público ou a inscrição num registo público, o anúncio num jornal ou revista, num registo ou publicação oficial, ou sob qualquer outra forma, a notificação de um funcionário publico, o fornecimento de prova sob forma especial quanto à data de estabelecimento de um documento ou instrumento, o montante das obrigações financeiras em causa ou qualquer outra questão». E acrescenta-se mais adiante: «Para efeitos da presente diretiva, os atos exigidos nos termos da legislação de um Estado-Membro enquanto condição necessária para a transferência ou constituição de penhor sobre instrumentos financeiros que não sejam títulos escriturais, tais como o endosso em caso de títulos à ordem, ou a inscrição no registo do emitente em caso de títulos registados, não deverão ser considerados atos formais». Isto é especialmente importante se tivermos em conta o que dispõe o CVM no que diz respeito à transmissão de valores mobiliários titulados e à constituição de penhor sobre eles[287].

3. O penhor financeiro, o direito de disposição e o direito de venda ou apropriação

3.1. O direito de disposição. O contrato de penhor financeiro *pode* conferir ao beneficiário da garantia o *direito de disposição (right of disposal, right of use, Verfügungsrecht)* sobre o objeto da mesma (art. 9º, 1)[288]. Só não será assim no que diz respeito a créditos sobre terceiros[289]. É fácil de ver que,

[287] Lembrando que a Diretiva não afasta o relevo do registo no *Aktienbuch*, THOMAS KRUMHUBER/ANDREAS ZAHRADNIK, *Finanzsicherheiten-Gesetz*, cit., p. 14.

[288] O art. 2º, 1, *m)*, da Diretiva 2002/47/CE define assim o direito de disposição: «o direito conferido ao beneficiário da garantia de utilizar ou alienar a garantia financeira prestada nos termos de um acordo de garantia financeira com constituição de penhor, como seu proprietário, nas condições desse acordo de garantia financeira». V. tb. o art. 5º da mesma Diretiva (que, contudo, não se aplica aos créditos sobre terceiros: nº 6). Como é sabido, o art. 671º, *b)*, do CCiv. impede o credor pignoratício de usar a coisa «sem consentimento do autor do penhor, exceto se o uso for indispensável à conservação da coisa», acrescentando a al. *c)* que o referido credor está também obrigado a restituir a coisa após a extinção da obrigação garantida.

[289] E isto porque não têm natureza fungível: cfr. a Exposição de Motivos da Proposta de Diretiva do Parlamento Europeu e do Conselho que altera, no respeitante aos sistemas

nos casos em que é conferido o direito de disposição, isso permite aumentar a liquidez nos mercados financeiros[290]: o beneficiário pode dispor do objeto da garantia e, se o fizer, este continuará a circular. E o beneficiário não só pode alienar o objeto da garantia, como pode voltar a onerá-lo (*rehypothecation*), «nos termos previstos no contrato, como se fosse seu proprietário» (art. 9º, 2, do DL 105/2004)[291].

O beneficiário da garantia que exerce o direito de disposição não era titular do objeto da garantia. Compreendem-se, pois, os deveres que no art. 10º do DL 105/2004 lhe são impostos e que tem que cumprir até à data convencionada para o cumprimento das obrigações garantidas (se, evidentemente, o devedor cumpriu também). Assim, o beneficiário da garantia deverá, em regra, restituir ao prestador da garantia objeto equivalente ao objeto da garantia financeira original[292]. O objeto equivalente

interligados e aos créditos sobre terceiros, a Diretiva 98/26/CE relativa ao carácter definitivo da liquidação nos sistemas de pagamentos e de liquidação de valores mobiliários e a Diretiva 2002/47/CE relativa aos acordos de garantia financeira, p. 9.

[290] V., p. ex., o texto das *Erläuternde Bemerkungen* à *Regierungsvorlage* da lei austríaca, reproduzido em Thomas Krumhuber/Andreas Zahradnik, *Finanzsicherheiten-Gesetz*, cit., p. 76. Mas há mais vantagens associadas ao direito de disposição: as melhores condições de financiamento que o beneficiário da garantia pode conceder ao prestador atendendo ao que pode ganhar com o exercício do direito de disposição; uma maior possibilidade de escolha entre a alienação em garantia e o penhor financeiro e, com este último, a redução do risco de crédito assumido pelo prestador da garantia (no que diz respeito ao direito de restituição). Sobre isto, Geoffrey Yeowart/Robin Parsons, *Yeowart and Parsons on The Law of Financial Collateral*, cit., p. 21 e s.; a p. 244, nt. 3, os autores lembram também a utilidade do direito de disposição para as contrapartes centrais quanto às «margin and default fund contributions provided by its members».

[291] Se os valores mobiliários são escriturais, o exercício do direito de disposição depende de menção no respetivo registo em conta; se são titulados, carece de menção na conta de depósito (art. 9º, 3, do DL 105/2004). Recorde-se, mais uma vez, o art. 2º, 1, *g*), da Diretiva 2002/47/CE. De acordo com o Considerando (19) da Diretiva, a «reutilização não prejudica a legislação nacional relativa à separação dos patrimónios e à igualdade de tratamento dos credores».

[292] Sobre o que deve entender-se por «objeto equivalente», v. o art. 13º do DL 105/2004. O art. 2º, 1, *i*), da Diretiva 2002/47/CE faz referência a «garantia equivalente»: «i) tratando-se de numerário, um pagamento do mesmo montante e na mesma moeda, *ii*) tratando-se de instrumentos financeiros, instrumentos financeiros do mesmo emitente ou devedor, que façam parte da mesma emissão ou categoria e tenham o mesmo valor nominal, sejam expressos na mesma moeda e tenham a mesma denominação ou, quando o acordo de garantia financeira preveja a transferência de outros ativos em caso de ocorrência de um facto que diga respeito ou afete os instrumentos financeiros fornecidos enquanto garantia financeira ou com eles relacionados, estes outros ativos».

não só substitui a garantia financeira original, como também se considera prestado no momento da prestação da garantia financeira original (art. 10º 3, do DL 105/2004[293]). Mas o contrato de penhor financeiro pode prever que o beneficiário da garantia tenha antes que entregar ao prestador da garantia uma quantia em dinheiro correspondente ao valor que o objeto da garantia tem no momento do vencimento da obrigação da restituição, «nos termos acordados pelas partes e segundo critérios comerciais razoáveis» (art. 10º, 1, *b)*). O contrato de penhor financeiro pode, no entanto, prever que o beneficiário da garantia se livre da obrigação de restituição por meio de compensação, devendo o crédito do prestador da garantia ser avaliado nos termos da al. *b)* do art. 10º, 1[294].

3.2. O direito de disposição e o Regulamento 2015/2365

O Regulamento 2015/2365, de 25 de novembro de 2015[295], deu especial atenção à reutilização[296]. Esta consiste na «utilização por uma contraparte, em seu nome e por sua própria conta ou por conta de outra contraparte, incluindo uma pessoa singular, de instrumentos financeiros recebidos no âmbito de um acordo de garantia. Essa utilização abrange a transferência de titularidade ou o exercício do direito de disposição nos termos do artigo 5º da Diretiva 2002/47, mas não a liquidação do instrumento financeiro em caso de incumprimento da contraparte que presta a garantia». Naturalmente, o âmbito de aplicação do Regulamento é relevantíssimo, pois o art. 2º do Regulamento 2015/2365 contém limitações tendo sobretudo em conta os sujeitos da operação. O nº 4 do art. 2º, que permite alargar a lista das isenções constantes do nº 2, faz, inclusivamente, referência ao

[293] Cfr. tb. o art. 5º, 3, da Diretiva 2002/47/CE.

[294] O cumprimento antecipado das obrigações financeiras garantidas não afasta o regime do art. 10º, 1, do DL 105/2004 (v. o nº 2).

[295] Regulamento (UE) 2015/2365 do Parlamento Europeu e do Conselho de 25 de novembro de 2015 «relativo à transparência das operações de financiamento através de valores mobiliários e de reutilização e que altera o Regulamento (EU) nº 648/2012». Sobre a entrada em vigor e aplicação do Regulamento v. o seu art. 33º.

[296] E não só. Particularmente importantes são as obrigações de notificação a repositórios de transações e as exigências que recaiem sobre fundos de investimento. O Regulamento insere-se na estatégia da Comissão de regular o chamado «shadow banking»: cfr. Geoffrey Yeowart/Robin Parsons, *Yeowart and Parsons on The Law of Financial Collateral*, cit., p. 672. A reutilização é objeto de atenção de outros regimes: v., p. ex., as Diretivas 2009/65/CE e 2011/61/UE, o RGOIC, a L 18/2015 e o DL 40/2014.

art. 15º, que diz respeito à reutilização (bem como ao art. 4º). O próprio termo «contraparte» tem o seu significado específico.

Interessa-nos sobretudo destacar o disposto no art. 15º, que tem precisamente por epígrafe «Reutilização de instrumentos financeiros recebidos no âmbito de um acordo de garantia». De acordo com o respetivo nº 1, a contraparte que presta a garantia deve *receber certas informações* e, nos casos de acordo de garantia com constituição de *penhor financeiro com direito de disposição,* é necessário que dê o seu *consentimento expresso,* ou, no caso de se tratar de acordo de garantia com *transferência de titularidade,* que dê também o seu *acordo expresso* em prestar a garantia. Assim, o direito de reutilização de instrumentos financeiros recebidos a título de garantia fica sujeito «pelo menos à observância das seguintes condições, cumulativamente consideradas: *a)* A contraparte que presta a garantia foi devidamente informada por escrito pela contraparte que recebe essa garantia dos riscos e consequências que podem ser inerentes a uma das seguintes situações: *i)*, concessão do direito de disposição da garantia ao abrigo de um acordo de garantia com constituição de penhor nos termos do artigo 5º da Diretiva 2002/47/CE, *ii)* celebração de um acordo de garantia com transferência de titularidade; *b)* A contraparte que presta a garantia deu o seu consentimento prévio expresso, conforme confirmado pela assinatura da contraparte que presta a garantia, aposta por escrito ou de forma juridicamente equivalente num acordo de garantia com constituição de penhor, cujos termos prevejam o direito de disposição nos termos do artigo 5º da Diretiva 2002/47/CE, ou acordou expressamente em prestar a garantia mediante um acordo de garantia com transferência de titularidade. No que diz respeito à alínea *a)* do primeiro parágrafo, a contraparte que presta a garantia é pelo menos informada por escrito dos riscos e das consequências que podem sobrevir em caso de incumprimento da contraparte que recebe a garantia».

Além disso, e agora olhando para o nº 2 do art. 15º, vemos que o *exercício do próprio direito de reutilização* «fica sujeito pelo menos à observância das seguintes condições, cumulativamente consideradas: *a)* A reutilização é efetuada nos termos especificados no acordo de garantia a que se refere o nº 1, alínea *b)*; *b)* Os instrumentos financeiros recebidos no âmbito de um acordo de garantia são transferidos da conta da contraparte que presta a garantia. Em derrogação da alínea *b)* do primeiro parágrafo, caso uma contraparte num acordo de garantia esteja estabelecida num país terceiro e a conta da contraparte que presta a garantia seja mantida num país terceiro e seja regida pelo direito desse país, a reutilização é comprovada quer por uma transferência da conta da contraparte que presta a garantia quer por outro meio adequado».

Porém, o regime do art. 15º «não afeta o direito nacional relativo à validade ou ao efeito de uma operação» (nº 4)[297]. Mas, por outro lado, não prejudica «legislação setorial mais estrita, nomeadamente as Diretivas 2009/65/CE e 2014/65/CE, e ainda do direito nacional destinado a garantir um nível mais elevado de proteção das contrapartes que prestam as garantias» (nº 3). O regime sancionatório previsto é particularmente pesado (v., em especial, o art. 22º, 4, *g), ii)*).

3.3. O direito de venda ou apropriação. Relativamente ao penhor financeiro, o DL 105/2004 admite que o beneficiário da garantia, para executar a garantia, *faça seu* o objeto da garantia «mediante venda ou apropriação [...] se tal tiver sido convencionado pelas partes» e se «houver acordo das partes relativamente à avaliação dos instrumentos financeiros e dos créditos sobre terceiros dados em garantia» (art. 11º, 1). Os requisitos parecem ser cumulativos[298].

A redação do art. 11º, 1, do DL 105/2004 afasta-se da que foi dada ao art. 4º, 1, *a)*, da Diretiva 2002/47/CE. Com efeito, neste último preceito faz-se antes referência à «possibilidade de realizar, de uma das seguintes formas, qualquer garantia financeira fornecida ao abrigo de um acordo de garantia financeira com constituição de penhor e segundo as disposições nele previstas: *a)* Instrumentos financeiros, mediante venda ou apropriação [...]»[299]. Ou seja, a realização mediante venda não significa «fazer seu» ou objeto da garantia.

Outra diferença em relação ao texto da Diretiva deve ser aqui realçada. Segundo o art. 11º, 1, *a)*, do DL 105/2004, parece, à primeira vista, ser neces-

[297] V., a propósito, o Considerando 23 do Regulamento.

[298] Mas a lei podia ser mais clara. Em apoio do carácter cumulativo podemos convocar o art. 4º, 2, da Diretiva 2002/47/CE, pois aí os requisitos são, claramente, cumulativos. Porém, como se dirá no texto, só está em causa a apropriação (não a venda).

[299] De acordo com o art. 4º, 1, da Diretiva 2002/47/CE, «Os Estados-Membros assegurarão que sempre que ocorra um facto que desencadeie a execução, o beneficiário da garantia tenha a possibilidade de realizar de uma das seguintes formas qualquer garantia financeira fornecida ao abrigo de um acordo de garantia financeira com constituição de penhor *e segundo as disposições nele previstas* [...]» (itálico nosso).

sário que as partes *convencionem a possibilidade de venda* do objeto da garantia. Por sua vez, o art. 4º, 2, da Diretiva *apenas exige convenção para a apropriação*, embora estabeleça também que a convenção relativa à apropriação deve ser acompanhada de *acordo sobre a avaliação*. O que faz pensar que o art. 4º, 2, da Diretiva *não vem acrescentar a necessidade de convenção* entre as partes quanto à apropriação (essa necessidade já resultaria do art. 4º, 1), *mas apenas que tal convenção tem que ser acompanhada da convenção sobre a avaliação*.

Pela nossa parte, consideramos que apenas se retira do art. 4º, 1, *a)*, da Diretiva 2002/47/CE que os Estados-Membros devem assegurar que será possível *acordar quanto aos termos da venda* (venda de garantia financeira fornecida ao abrigo de acordo de garantia financeira *segundo as disposições nele previstas*)[300], mas que *não será necessário convencionar a possibilidade de venda* para que esta possa ocorrer[301]. O art. 4º, 1, da Diretiva 2002/47/CE deve, assim, conduzir a uma interpretação restritiva do art. 11º, 1, do DL 105/2004, lendo-o em conformidade com o art. 4º, 1 e 2, da Diretiva e, portanto, de modo a *não se exigir convenção para que o beneficiário da garantia possa vender* o objeto da garantia[302]. Mas, se essa convenção existir, a segurança aumenta.

De qualquer modo, o exposto revela ser admissível, à luz da Diretiva, que no penhor financeiro de instrumentos financeiros ou créditos sobre terceiros *não se convencione o direito de apropriação* e se *convencionem limites ao direito de venda*[303].

[300] Fará, até, muito sentido que esses termos da venda sejam acordados para que se evitem futuros conflitos. Designadamente, quanto ao valor obtido.

[301] Nesse sentido, quanto à Diretiva, THOMAS KEIJSER, *Financial collateral arrangements. The European Collateral Directive considered from a property and insolvency law perspective*, cit., p. 283: «Under Article 4 of the Collateral Directive a pledgee is able to choose between a sale and, if this has been agreed upon, appropriation». Parecendo dispensar o acordo quanto à possibilidade de venda perante o regime português, MARGARIDA DA COSTA ANDRADE, *O penhor financeiro com direito de disposição de valores mobiliários*, cit., p. 384 («Pelo facto [...] de a Directiva se referir expressamente à não sujeição da execução a um leilão público ou à aprovação prévia das suas condições por um tribunal, quererá isto dizer que a venda será extrajudicial e ordenada pelo beneficiário»). CALVÃO DA SILVA, *Banca, bolsa e seguros*, cit., p. 235, parece exigir acordo também para a venda («mediante venda ou apropriação, se tal estiver previsto no contrato de penhor [...]»).

[302] Como é sabido, o art. 675º do CCiv. exige convenção das partes para que a venda seja feita extraprocessualmente.

[303] Nesse sentido, HUGH BEALE/MICHAEL BRIDGE/LOUISE GULLIFER/EVA LOMNICKA, *The law of security and title-based financing*, cit., p. 54, lembrando que o art. 4º, 1, da Diretiva faz referência às disposições previstas no acordo.

A existência da alternativa venda/apropriação será particularmente útil quando exista o receio de que a venda possa ter que ser realizada num momento em que os preços estão baixos. Se existe a possibilidade de os preços descerem, pode vir a ser mais vantajoso exercer o direito de apropriação[304].

O art. 11º, 1, do DL 105/2004 *não faz distinção quanto ao objeto* do penhor financeiro, mas a al. *b) não faz referência* às garantias que tenham por objeto numerário. O art. 4º, 1, da Diretiva 2002/47/CE não prevê a venda ou apropriação quando o objeto é constituído por numerário, estando prevista a aplicação do numerário para liquidação das obrigações financeiras cobertas: a al. *b)* daquele art. 4º, 1, só menciona, para as garantias que tenham por objeto numerário, a *compensação* do «seu montante com as obrigações financeiras cobertas» ou a aplicação do mesmo para a *liquidação* destas[305]. Ainda assim, poderá dizer-se que a apropriação de numerário fará sentido quando a conta está aberta junto de terceiro[306] ou, não sendo esse o caso, quando o objeto da garantia e a obrigação garantida surjam referidos em diferentes moedas e haja a expetativa de que a moeda em que se identifica o numerário se valorize[307]. Eis, pois, um ponto que merecia maior clareza.

No caso de ser convencionada a apropriação, não se trata de verdadeiro pacto comissório: isto na medida em que o prestador da garantia tem direito a receber «o montante correspondente à diferença entre o valor do objeto da garantia e o montante das obrigações financeiras garantidas» (art. 11º, 2)[308]. Os requisitos referidos (convenção quanto à apropriação e

[304] Geoffrey Yeowart/Robin Parsons, *Yeowart and Parsons on The Law of Financial Collateral*, cit., p. 256.

[305] No sentido de que a possibilidade de apropriação não valerá para o penhor financeiro sobre numerário, Diogo Graça, *Os contratos de garantia financeira*, cit., p. 62, e Miguel Lucas Pires, *Penhor ou penhores? O regime tradicional do penhor e a proliferação de regimes especiais – implicações para a unidade conceptual e natureza jurídica do instituto*, vol. II, Polis, Lisboa, 2015, p. 466, nt. 3003.

[306] Geoffrey Yeowart/Robin Parsons, *Yeowart and Parsons on The Law of Financial Collateral*, cit., p. 255.

[307] Geoffrey Yeowart/Robin Parsons, *Yeowart and Parsons on The Law of Financial Collateral*, cit., p. 255: «where the charged cash and the secured liability are denominated in different currencies and the currency of the cash is expected to appreciate over time against the currency of the liability».

[308] Vendo nisto a prova de que não está verdadeiramente consagrada a admissibilidade do pacto comissório, Carvalho Fernandes, *A admissibilidade do negócio fiduciário no direito português*, «*Ars Iudicandi*. Estudos em homenagem ao Prof. Doutor António Castanheira Neves»,

convenção quanto à avaliação) parecem ser cumulativos[309]. Pode é questionar-se se só o penhor acompanhado das referidas convenções é verdadeira garantia financeira[310].

Como vimos, o art. 11º, 1, *b)*, do DL 105/2004 estabelece a necessidade de, para beneficiar do regime de execução ali previsto, existir acordo relativo à avaliação dos instrumentos financeiros e dos créditos sobre terceiros[311]. Porém, isso não afasta a existência de eventual obrigação legal de «proceder à realização ou avaliação da garantia financeira e o cálculo das obrigações financeiras garantidas de acordo com critérios comerciais razoáveis» (art. 11º, 3, do DL 105/2004[312]).

II, BFD/Coimbra Editora, Coimbra, 2008, p. 250, e (aparentemente) João Labareda, *Contrato de garantia financeira e insolvência das partes contratantes*, cit., p. 117, nt. 24; referindo-se a um pacto marciano, Alexandre Jardim, *Acordos de garantia financeira: o respectivo regime jurídico face ao Decreto-Lei 105/2004, de 8 de Maio. Algumas* questões, «RB», 62, julho/dezembro 2006, p. 155, Pestana de Vasconcelos, *A cessão de créditos em garantia e a insolvência – em particular da posição do cessionário na insolvência do cedente*, Coimbra Editora, Coimbra, 2007, p. 633 e s., nt. 1224, Tiago da Fonseca, *O penhor de acções*, 2ª ed., Almedina, Coimbra, 2007, p. 139, Diogo Graça, *Os contratos de garantia financeira*, cit., p. 62, Carlos Ferreira de Almeida, *Alienação da propriedade em garantia*, «Estudos dedicados ao Professor Doutor Luís Alberto Carvalho Fernandes», I, UCE, Lisboa, 2011, p. 327, e Menezes Cordeiro, *Direito bancário*, cit., p. 834. O preâmbulo do DL 105/2004 fazia expressa referência à «aceitação do pacto comissório» e era também ao pacto comissório que se referia a epígrafe do art. 11º. Aceitando que se tratava de pacto comissório, Margarida Costa Andrade, *O penhor financeiro com direito de disposição de valores mobiliários*», «ROA», jan/dez 2010, I/IV, p. 368. Sobre o pacto marciano, Júlio Gomes, *Sobre o âmbito da proibição do pacto comissório, o pacto autónomo e o pacto marciano*, «CDP», 8, 2004, p. 57 e ss., e Miguel Lucas Pires, *Penhor ou penhores? O regime tradicional do penhor e a proliferação de regimes especiais – implicações para a unidade conceptual e natureza jurídica do instituto*, cit., p. 460 e ss..

309 João Labareda, *Contrato de garantia financeira e insolvência das partes contratantes*, cit., p. 116.

310 Admitindo, porém, o «penhor financeiro simples», Margarida Costa Andrade, *O penhor financeiro com direito de disposição de valores mobiliários*, cit., p. 384.

311 De acordo com o art. 675º, 2, do CCiv., é «lícito aos interessados convencionar que a coisa empenhada seja adjudicada ao credor pelo valor que o tribunal fixar».

312 Cfr. o art. 4º, 6, da Diretiva 2002/47/CE. O Considerando (17) da Diretiva tem o seguinte teor: «A presente diretiva institui processos de execução rápidos e não formalistas que permitem salvaguardar a estabilidade financeira e limitar efeitos de contágio em caso de incumprimento de uma das partes num acordo de garantia financeira. Todavia, a presente diretiva equilibra os objetivos supramencionados com a proteção do prestador de garantia e de terceiros, pela confirmação explícita da possibilidade de os Estados-Membros manterem ou introduzirem na sua legislação nacional um controlo *a posteriori* suscetível de ser exercido pelos tribunais no que respeita à realização ou determinação do valor da garantia financeira e ao cálculo das obrigações financeiras cobertas. Tal controlo deverá permitir que as autoridades

Se o beneficiário da garantia executa o penhor financeiro, «fica obrigado a restituir ao prestador o montante correspondente à diferença entre o valor do objeto da garantia e o montante das obrigações financeiras garantidas» (art. 11º, 2, do DL 105/2004). Obviamente, a restituição deve ter lugar se a diferença for «para mais»[313]. Isso explica-se porque estamos perante uma garantia e porque assim se protegem também os interesses dos restantes credores do prestador da garantia[314]. Mas, claro, o prestador da garantia corre o risco de o beneficiário não restituir a diferença.

O art. 8º, 2, do DL 105/2004, depois de ressalvar o que possa ter sido acordado pelas partes, estabelece que a «execução da garantia pelo beneficiário não está sujeita a nenhum requisito, nomeadamente a notificação prévia ao prestador da garantia da intenção de proceder à execução». Trata-se de uma solução que parece ir mais longe do que a prevista no art. 4º, 4, da Diretiva 2002/47/CE. Este último dispõe que, «sob reserva das condições decididas no acordo de garantia financeira com constituição de penhor», a realização da garantia financeira pelas formas referidas no nº 1 (incluindo a venda ou apropriação) não está sujeita «à obrigação de: *a)* Notificação prévia da intenção de proceder à realização; *b)* As condições da realização serem aprovadas por um tribunal, funcionário público ou outra pessoa; *c)* A realização ser efetuada através de um leilão público ou segundo qualquer outra forma prescrita; ou *d)* Ter decorrido qualquer prazo adicional». O que, convenhamos, não é a mesma coisa que estabelecer que não está sujeita a «nenhum requisito».

Ora, no Considerando (10) da Diretiva lê-se, entre outras coisas, que «os atos exigidos nos termos da legislação de um Estado-Membro enquanto condição necessária para a transferência ou constituição de penhor sobre instrumentos financeiros que não sejam títulos escriturais, tais como o endosso em caso de títulos à ordem, ou a inscrição no registo do emitente em caso de títulos registados, não deverão ser considerados atos formais». *E não faz sentido que outra seja a solução quando se trate da venda ou da apropriação*

judiciais verifiquem que a realização ou determinação do valor foi efetuada segundo critérios comerciais razoáveis». No entanto, discute-se se esse controlo apenas poderá servir para essa verificação ou se poderá ir mais longe: sobre a questão, Geoffrey Yeowart/Robin Parsons, *Yeowart and Parsons on The Law of Financial Collateral*, cit., p. 285.

[313] Se a diferença for «para menos», a obrigação correspondente, em princípio, não se extingue.

[314] Thomas Keijser, *Financial collateral arrangements. The European Collateral Directive considered from a property and insolvency law perspective*, cit., p. 99.

em caso de execução[315]. O que, entre nós, e perante o regime de transmissão dos valores mobiliários titulados, faz toda a diferença[316].

Quanto à execução de penhor financeiro que tenha por objeto créditos sobre terceiros e que tenha sido «constituído a favor do banco central pelas instituições de crédito no âmbito das operações de cedência de liquidez», o art. 11º, 4, *c)*, do DL 105/2004 exige, como requisito de eficácia em relação ao devedor do crédito empenhado, a notificação deste último[317], que não será exigida, no entanto, nos casos em que o beneficiário da garantia exerce a faculdade prevista na anterior al. *b)*: se o mesmo beneficiário exige «que o prestador da garantia, ainda que em liquidação, pratique em seu nome e representação todos os atos que se revelem adequados à boa gestão dos créditos e das respetivas garantias, incluindo os serviços de cobrança e as relações com os devedores».

4. A alienação fiduciária em garantia e a obrigação de restituição

4.1. A alienação fiduciária em garantia e o princípio do *numerus clausus*. A alienação fiduciária em garantia (*title transfer, Vollrechtsübertragung,*) tem por efeito a transmissão da propriedade com função de garantia[318].

[315] Hugh Beale/Michael Bridge/Louise Gullifer/Eva Lomnicka, *The law of security and title-based financing*, cit., p. 572, dão conta de uma decisão proferida no Reino Unido pelo *Privy Council* considerando que a apropriação de ações «registered and directly held» podia ter lugar «without registration of the colateral taker as legal owner». Porém, não bastaria um simples pensamento: seria necessário «an overt act evincing the intention to exercise a power of appropriation, communicated to the colateral-provider». Os autores revelam também as dificuldades da apropriação em caso de titularidade indireta. Sobre os casos de titularidade indireta e «desmaterializada», Geoffrey Yeowart/Robin Parsons, *Yeowart and Parsons on The Law of Financial Collateral*, cit., p. 267, nt. 27, escrevem que «In the civil law context, the colateral consists, not of the legal title to the instruments which remins vested in the intermediar, but of the colateral-provider's rights against the intermediar in respect of the relevant instruments».

[316] Esse foi um problema tratado num dos processos *Cukurova* perante a lei aplicável: Geoffrey Yeowart/Robin Parsons, *Yeowart and Parsons on The Law of Financial Collateral*, cit., p. 260 e ss., fazem um relato circunstanciado dos mesmos.

[317] Também o art. 3º, 1, segundo parágrafo, da Diretiva 2002/47/Ce prevê a possibilidade de os Estados-Membros exigirem «a prática de um ato formal, como o registo ou a notificação, para efeitos da perfeição, prioridade, execução ou admissibilidade enquanto prova contra o devedor ou contra terceiros».

[318] A lei portuguesa usa os termos «alienação fiduciária em garantia». Curiosamente, na doutrina estrangeira há quem questione *se os verdadeiros negócios fiduciários são abrangidos pela Diretiva 2002/47/CE*, uma vez que não terão em vista garantir a negociabilidade (*tradeability*):

O adquirente torna-se verdadeiro proprietário[319]: o negócio não tem mera natureza obrigacional. Como se lê no Considerando (13) da Diretiva 2002/47/CE, esta «visa proteger a validade dos acordos de garantia financeira baseados na transferência da plena propriedade da garantia financeira, por exemplo através da eliminação da «requalificação» desses acordos de garantia financeira (incluindo os acordos de recompra) como penhores de títulos». O preâmbulo do DL 105/2004 também dá conta do obstáculo à validade da alienação fiduciária em garantia perante o teor do art. 1306º do CCiv. e o princípio da taxatividade ou do numerus clausus. Tendo em conta que o proprietário, de acordo com o art. 1305º do CCiv., «goza de modo pleno e exclusivo dos direitos de uso, fruição e disposição das coisas que lhe pertencem, dentro dos limites da lei e com observância das restrições por ela impostas», a alienação fiduciária em garantia poderia violar o princípio da taxatividade ou *numerus clausus* no que diz respeito aos direitos reais[320]. Agora, esse problema deixou de se verificar.

Thomas Keijser, *Financial collateral arrangements. The European Collateral Directive considered from a property and insolvency law perspective*, cit., p. 72. Por sua vez, Marco Schlaegel, *Die Finanzsicherheiten-Richtlinie (2002/47/EG) und ihre Umsetzung in das deutsche Recht*, cit., p. 75, destaca que a transmissão em causa é realizada «ohne treuhänderischa Bindung» e que «keine fiduziarische Sicherheit darstellt». No art. 2º, 1, *b)*, da Diretiva 2002/47/CE podemos ler a seguinte definição: ««Acordo de garantia financeira com transferência de titularidade», um acordo, incluindo os acordos de recompra, ao abrigo do qual o prestador da garantia transfere a plena propriedade da garantia financeira, ou o pleno direito à mesma, para o beneficiário da garantia a fim de assegurar a execução das obrigações financeiras cobertas ou de as cobrir de outra forma». Quanto aos casos de titularidade indireta: cfr. Geoffrey Yeowart/Robin Parsons, *Yeowart and Parsons on The Law of Financial Collateral*, cit., p. 153, escrevem que «where intermediated securities are transferred, the colateral-provider is only likely to transfer beneficial (i.e equitable), and not legal, ownership. Legal ownership is likely to be held by the central securities depository». Para os autores, a «alienação fiduciária em garantia» abrangerá também estas situações, lembrando ainda que no caso *Cukurova Finance International and Cukurova Holdings AS v. Alfa Telecom Turkey LTD [2009]*, UKPC 19, se entendeu que «full ownership» poderia abranger «full ownership of the beneficial interest».

319 Hugh Beale/Michael Bridge/Louise Gullifer/Eva Lomnicka, *The law of security and title-based financing*, 2. ed., Oxford University Press, Oxford, 2012, p. 38, dizem por isso que o «financial collateral» é transmitido («transferido») «outright».

320 No entanto, a questão é discutida, como se pode ver em Alexandre de Soveral Martins, *Cláusulas do contrato de sociedade que limitam a transmissibilidade das acções*, Almedina, Coimbra, 2006, p. 156. O tema tem continuado a ser objeto de atenção doutrinal. Carlos Ferreira de Almeida, *Alienação da propriedade em garantia*, cit., p. 315, considera que, fora dos casos previstos na lei, os «actos de alienação (fiduciária) em garantia devem ser

4.2. A obrigação de restituição na alienação fiduciária em garantia. O art. 14º, 1, *a)*, do DL 105/2004 obriga o beneficiário da garantia prestada através de alienação fiduciária em garantia a restituir ao prestador a garantia financeira prestada ou objeto equivalente. Essa obrigação de restituição existe para os casos em que se dá o cumprimento das obrigações financeiras garantidas[321]. Embora o art. 14º, 1, não o diga, é o que resulta do art. 9º, 1, *a)*, para o penhor financeiro. Facilmente se compreende que assim também seja agora: afinal de contas, a alienação foi... fiduciária em garantia[322]. Como para a alienação fiduciária em garantia não encontramos no DL 105/2004 um preceito equivalente ao art. 11º («Execução dos acordos

considerados nulos, por contrários a lei imperativa, embora susceptíveis de conversão» e que (p. 314) a propriedade estará a servir «para contornar o princípio do *numerus clausus* dos direitos reais de garantia». Por sua vez, CATARINA MONTEIRO PIRES, *Alienação em garantia*, Almedina, Coimbra, 2010, p. 81, manifesta-se favorável à validade da *fiducia cum ceditore*. RUI PINTO DUARTE, *Curso de direitos reais*, 3ª ed., Principia, Cascais, 2013, p. 190, admite o estabelecimento contratual de relações fiduciárias sem eficácia *erga omnes*, ao mesmo tempo que afirma serem «nulos os acordos de efeito similar ao pacto comissório, no âmbito de contratos fiduciários». CALVÃO DA SILVA, *Banca, bolsa e seguros*, cit., p. 229, defende a «validade da venda em garantia e promessa de revenda da coisa alienada com o escopo de garantir ou cobrir o cumprimento de obrigações».

321 Com a mesma leitura, CATARINA MONTEIRO PIRES, *Alienação em garantia*, cit., p. 138. Para PESTANA DE VASCONCELOS, *Os contratos de garantia financeira*, AAVV., «Estudos em honra do Professor Doutor José de Oliveira Ascensão», vol. II, Almedina, Coimbra, 2008, p. 1296, a «norma carece de ligeira interpretação correctiva, porque, em regra, o cumprimento da obrigação de restituição só se tem que fazer após o cumprimento da obrigação garantida». Atendendo à obrigação de restituição, CALVÃO DA SILVA, *Banca, bolsa e seguros*, cit., p. 238, considera estarmos perante uma propriedade temporária. Salientando que a transmissão para o beneficiário da garantia faz com que o transmitente corra o risco de insolvência do beneficiário ou da sua incapacidade para restituir «equivalent securities», CHARLES PROCTOR, *The law and practice of international banking*, 2. ed., Oxford University Press, Oxford, 2015, p. 644; dando conta de que, muitas vezes, o direito a obter a restituição pode ter sido cedido a um credor do transmitente ou um credor deste pode pretender o ressarcimento através daquele direito, GEOFFREY YEOWART/ROBIN PARSONS, *Yeowart and Parsons on The Law of Financial Collateral*, cit., p. 11.

322 Mas se, no caso de incumprimento, o beneficiário da garantia não tem de restituir a garantia, parece que terá de restituir «o montante correspondente à diferença entre o valor do objeto da garantia e o montante das obrigações financeiras garantidas»: cfr., nesse sentido, CALVÃO DA SILVA, *Banca, bolsa e seguros*, cit., p.238. Dando a entender que será necessário acordo quanto à restituição do excesso de valor do objeto dado em garantia sobre a dívida garantida, VIEIRA CURA, *A «fiducia» romana e a alienação fiduciária em garantia no direito actual*, cit., p. 211.

de penhor financeiro»), o disposto no art. 8º, 2, ganha particular importância: «Sem prejuízo do acordado pelas partes, a execução da garantia pelo beneficiário não está sujeita a nenhum requisito [...]»[323].

Porém, as als. *b)* e *c)* do art. 14º, 1, apresentam duas alternativas a essa restituição. Mas como veremos, é discutível se essas alternativas existem sempre ou se têm que ser convencionadas[324].

Na referida al. *b)*, está previsto que o beneficiário da garantia, em lugar da restituição da garantia financeira prestada ou de objeto equivalente, pode entregar ao prestador uma «quantia em dinheiro correspondente ao valor que o objeto da garantia tem no momento do vencimento da obrigação de restituição». No entanto, a lei acrescenta que isso deverá ter lugar «nos termos acordados pelas partes e segundo critérios comerciais razoáveis». Isso parece fazer supor que a alternativa apenas é aplicável se houver acordo das partes. Não julgamos plausível que apenas se tivesse deixado para as partes o acordo quanto à avaliação a efetuar. Aliás, no que diz respeito ao penhor financeiro com direito de disposição vemos que o art. 10º, 1, *b)*, só permite a entrega de dinheiro em alternativa *se o contrato de penhor financeiro previr essa possibilidade*. Essa é, também, a exigência que resulta do art. 5º, 2, segundo parágrafo, da Diretiva 2002/47/CE: em alternativa à transferência de garantia equivalente, o beneficiário que exerceu o direito de disposição pode, «na medida em que as condições do acordo de garantia financeira com constituição de penhor o prevejam», aplicar a garantia em compensação ou para liquidação das obrigações financeiras cobertas.

O mesmo se diga quanto à alternativa a que é feita referência na al. *c)*: livrar-se da sua obrigação por meio de compensação (*netting*) e sendo o

[323] Mas v., parecendo exigir que seja acordada a execução através da «conservação definitiva da propriedade do objecto dado em garantia ao credor», VIEIRA CURA, *A «fiducia» romana e a alienação fiduciária em garantia no direito actual*, cit., p. 211.

[324] Considerando que na alienação fiduciária em garantia é sempre possível a entrega de quantia em dinheiro correspondente ao valor do objeto da garantia no momento do vencimento da obrigação de restituição ou a compensação, DIOGO GRAÇA, *Os contratos de garantia financeira*, cit., p. 92. Parece ser também essa a leitura que fazem CALVÃO DA SILVA, *Banca, bolsa e seguros*, cit., p. 237, e MENEZES CORDEIRO, *Direito bancário*, cit., p. 837. Já VIEIRA CURA, *A «fiducia» romana e a alienação fiduciária em garantia no direito actual*, cit., p. 210, defende que, embora o «o beneficiário da garantia tenha como obrigação fundamental [...] a restituição do objecto da garantia [...] a lei admite, no entanto, outras formas de o beneficiário da garantia se desonerar, desde que haja acordo nesse sentido entre o prestador da garantia e o respectivo beneficiário».

crédito do prestador da garantia avaliado nos termos previstos na al. *b)*. Ao mandar ter em conta os termos da avaliação previstos na al. anterior, a al. *c)* parece pressupor também que a compensação só surge como alternativa *se isso tiver sido acordado* pelas partes. Embora a al. *c)* do art. 14º não o diga, a compensação dirá respeito à obrigação de restituir: é o que resulta também, agora expressamente, do art. 10º, 1, *c)*.

4.3. O Regulamento 2015/2365 (remissão)

Vimos acima, a propósito do direito de disposição em caso de penhor financeiro, que no Regulamento 2015/2365, de 25 de novembro de 2015, a reutilização consistia na «utilização por uma contraparte, em seu nome e por sua própria conta ou por conta de outra contraparte, incluindo uma pessoa singular, de instrumentos financeiros recebidos no âmbito de um acordo de garantia. Essa utilização abrange a transferência de titularidade ou o exercício do direito de disposição nos termos do artigo 5º da Diretiva 2002/47, mas não a liquidação do instrumento financeiro em caso de incumprimento da contraparte que presta a garantia». Remetemos para o ponto em que tratámos da matéria.

Lembramos, também, o já mencionado art. 306º-E do CVM, introduzido pela Lei 35/2018.

5. As garantias financeiras e o direito da insolvência

5.1. Alguns aspetos prévios a ter em consideração

Vários aspetos do regime das garantias financeiras dizem respeito a questões relacionadas com situações de insolvência de um devedor[325], sendo

[325] A articulação entre o regime do PER e o das garantias financeiras merece igualmente atenção. Como não cabe no âmbito do tema que nos propomos tratar, ficam aqui apenas algumas notas. O regime das garantias financeiras confere-lhes alguma tutela não apenas perante processos de liquidação, mas também perante medidas de saneamento. Estas são entendidas como «medidas que implicam a intervenção de uma autoridade administrativa ou judicial e destinadas a preservar ou restabelecer a situação financeira e que afetam os direitos preexistentes de terceiros, incluindo, nomeadamente, as medidas que envolvem uma suspensão de pagamentos, uma suspensão das medidas de execução ou uma redução dos montantes dos créditos». O PER parece ficar abrangido nas medidas de saneamento. O art. 18º, 1, do DL 105/2004 também protege os efeitos dos contratos de garantia financeira em caso de (abertura ou prossecução de processo de) adoção de medidas de saneamento relativas ao prestador ou ao beneficiário da garantia. Aqueles efeitos irão produzir-se «nas condições e segundo os termos convencionados pelas partes» (art. 18º, 1, DL 105/2004). Vários momentos do PER podem ser considerados factos que desencadeiam a execução da

conferida uma posição vantajosa ao beneficiário da garantia[326]. Para melhor se compreender o teor dos problemas envolvidos, deve ser lembrado que podemos estar perante a insolvência de *quem presta* a garantia ou de quem é dela *beneficiário*. E se o prestador da garantia não for o devedor, convém recordar que também este último pode encontrar-se em situação de insolvência.

Além disso, as normas que devem ser convocadas obrigam a analisar vários momentos: especialmente, o da celebração do contrato de garantia financeira, o da prestação da garantia, o da abertura do processo e o da sentença de declaração de insolvência. E nesses diversos momentos é necessário distinguir, relativamente a cada uma das partes, entre as consequências do cumprimento da obrigação garantida e as consequências do incumprimento dessa obrigação[327].

garantia. Assim é com a apresentação da petição inicial, com a nomeação de administrador judicial provisório, com a aprovação ou homologação de plano. E isso pode levar ao vencimento antecipado e à compensação. Por outro lado, o facto de o DL 105/2004 permitir que a execução de penhor financeiro tenha lugar, se tal for convencionado, através de apropriação ou venda e compensação ou aplicação do valor para liquidação das obrigações financeiras garantidas (a redação do art. 11º, 1, do DL 105/2044 é suscetível de várias leituras), não parece afastar a possibilidade de o contrato prever o recurso a uma ação executiva. Nesse caso, o contrato deverá produzir efeitos nas condições e segundo os termos convencionados pelas partes apesar da (abertura ou prossecução de um processo para adoção de) medida de saneamento. E isso obriga a uma articulação com o art. 17º-E, nº 1, do CIRE. A existência de garantias financeiras e o seu regime devem ser ainda tidos em conta no acordo obtido no PER e na sua homologação, evidentemente.

[326] Mas v., questionando essa vantagem relativa em termos gerais e relacionando-a com o *shadow banking* e com a crise de 2007/2008, Enrico Perotti, *The roots of shadow banking*, «Policy Insight», 69, dezembro 2013, in www.cepr.org.

[327] Se estão envolvidos sistemas de pagamentos e de liquidação de valores mobiliários, têm que ser convocados outros diplomas. Destacamos, em primeiro lugar, a Diretiva 98/26/CE, «relativa ao carácter definitivo da liquidação nos sistemas de pagamentos e de liquidação de valores mobiliários», cujo art. 9º dispõe o seguinte: «1. Os direitos de um operador de sistema ou de um participante sobre as garantias constituídas a seu favor no quadro de um sistema ou de um sistema interoperável, bem como os direitos dos bancos centrais dos Estados-Membros ou do Banco Central Europeu sobre as garantias constituídas a seu favor, não são afetados por qualquer processo de falência contra: *a)* O participante no sistema em causa ou num sistema interoperável; *b)* O operador de sistema de um sistema interoperável que não seja participante; *c)* Uma contraparte dos bancos centrais dos Estados-Membros ou do Banco Central Europeu; ou *d)* Qualquer terceiro que tenha constituído as garantias. As garantias podem ser executadas para satisfação daqueles direitos. Se o operador tiver constituído garantias em favor de outro operador no quadro de um sistema interoperável, os direitos do operador do sistema que

5.2. Garantias financeiras e resolução em benefício da massa.

5.2.1. Resolução e má fé. O regime da resolução em benefício da massa consta, essencialmente, dos arts. 120º e ss. do CIRE. De acordo com o disposto no art. 120º, 1, do CIRE, os atos prejudiciais à massa podem ser resolvidos em benefício desta se praticados dentro dos dois anos anteriores à data do início do processo de insolvência. A resolução de que trata o art. 120º pressupõe a má fé do terceiro (nº 4). Por sua vez, o art. 121º, 1, do CIRE permite a resolução incondicional de um conjunto vasto de atos quando praticados num certo período de tempo anterior ao início do processo de insolvência. Agora, já não é necessária a prova da má fé do terceiro.

constituiu as garantias a tais garantias não são afetados por um eventual processo de falência contra o operador do sistema que as recebeu. 2. Caso sejam prestados valores mobiliários (incluindo direitos sobre valores mobiliários) como garantia aos participantes, aos operadores dos sistemas, aos bancos centrais dos Estados-Membros ou ao Banco Central Europeu nos termos referidos no n. o 1 e o direito destes (ou o de qualquer mandatário, agente ou terceiro agindo em seu nome) relativamente aos valores esteja legalmente inscrito num registo, conta ou sistema de depósito centralizado situado num Estado-Membro, a determinação dos direitos dessas entidades como titulares da garantia relativa a esses valores rege-se pela legislação desse Estado-Membro». O art. 101º do CIRE, sob a epígrafe «sistemas de liquidação», ressalva o disposto nos arts. 283º e ss. do CVM a propósito dos efeitos da declaração de insolvência sobre os créditos. Mas, no que diz respeito às «garantias de obrigações decorrentes do funcionamento de um sistema de liquidação», o art. 284º, 1, do CVM ressalva o disposto no DL 105/2004. Quanto aos sistemas de pagamento, a transposição da Diretiva 98/26/CE teve lugar através do DL 221/2000, de 9 de setembro (entretanto alterado), que, no seu art. 6º, 4, dispõe que para efeitos do mesmo «considera-se garantia qualquer ativo suscetível de execução, incluindo as garantias financeiras previstas no Decreto-Lei nº 105/2004, de 8 de maio, objeto de uma relação jurídica, nomeadamente de penhor ou de reporte, com o objetivo de tornar mais segura a posição jurídica dos participantes e dos bancos integrantes do sistema europeu de bancos centrais». Os nºs 1, 2 e 3 do mesmo art. 6º estabelecem o seguinte regime: «1 – As garantias constituídas no quadro de um sistema ou de um sistema interoperável em favor de um participante ou de um banco central integrante do sistema europeu de bancos centrais não são afetadas pela abertura de um processo de insolvência contra: *a)* Um participante; *b)* Um operador de um sistema interoperável que não seja participante; *c)* Uma contraparte de um banco central integrante de um sistema europeu de bancos centrais; *d)* Qualquer terceiro que tenha constituído as garantias. 2 – As garantias referidas no número anterior podem ser executadas pelos respetivos titulares, revertendo o saldo remanescente para a massa falida. 3. Se o operador tiver constituído garantias em favor de outro operador no quadro de um sistema interoperável, os direitos do operador do sistema que constituiu as garantias não são afetados por um eventual processo de insolvência relativo ao operador do sistema que as recebeu». Sobre a abertura de um processo de insolvência e os seus efeitos, v. tb. o art. 8º do DL 221/2000.

O DL 105/2004 vem estabelecer no seu art. 17º, 1, e entre muitas outras coisas, que a resolução não é possível quanto a contratos de garantia financeira celebrados e a garantias financeiras *pelo facto* de, respetivamente, terem sido celebrados ou prestadas *no dia da abertura de um processo de liquidação* ou da adoção de medida de saneamento, ou *antes desses momentos* e desde que *antes de proferido despacho, sentença ou decisão equivalente* (usamos a terminologia legal)[328]. Isto é, o despacho, sentença ou decisão equivalente não terão efeitos retroativos até às 0 horas desse dia.

Mais. O art. 17º, 1, *b)*, do DL 105/2004 também afasta a possibilidade de resolução «pelo facto de o contrato ter sido celebrado ou a garantia financeira prestada: [...] Num determinado período anterior definido por referência: *i)* À abertura de um processo de liquidação ou à adoção de medidas de saneamento; *ii)* À tomada de qualquer outra medida ou à ocorrência de qualquer outro facto no decurso desse processo ou dessas medidas». Quer isto dizer que, se for em regra possível a resolução do contrato ou da garantia por, respetivamente, ter sido celebrado ou prestada num determinado período anterior, designadamente, à abertura de um processo de liquidação, essa possibilidade de resolução fica afastada. Mas, note-se bem, *somente quando a resolução seja possível pelo simples facto* de o contrato ter sido celebrado ou a garantia financeira prestada num determinado período anterior definido por referência aos momentos mencionados. Se a resolução for possível *por causa de algo mais do que o simples facto* mencionado, então a proteção descrita já não se faz sentir. E, como é bom de ver, o art. 120º do CIRE não se basta com a prática de um ato dentro de um certo período de

[328] O art. 17º, 2, protege as novas garantias prestadas em caso de variação de montante das obrigações financeiras garantidas, as garantias financeiras adicionais prestadas em situação de variação do valor da garantia financeira e a substituição de garantia financeira por objeto equivalente. V., a propósito, o art. 8º, 3, da Diretiva 2002/47/CE, que na sua al. *a)* parece visar uma proteção mais abrangente, e o Considerando (16) daquela Diretiva. Como salientam GEOFFREY YEOWART/ROBIN PARSONS, *Yeowart and Parsons on The Law of Financial Collateral*, cit., p. 22, a proteção concedida à substituição relaciona-se com a contagem de «períodos de suspeição» e com a graduação de créditos. Sobre as *margin transfers* e a *substitution*, THOMAS KEIJSER, *Financial collateral arrangements. The European Collateral Directive considered from a property and insolvency law perspective*, cit., p. 74 e ss.. O autor chama a atenção para duas coisas importantes: quanto às *margins*, lembra que o art. 8º, 3, *a)* da Diretiva apenas se preocupa com variações de valor, e não com o *credit rating*; quanto à *substitution*, recorda as dificuldades que o beneficiário da garantia pode enfrentar perante o exercício do direito de substituição.

tempo anterior à data do início do processo de insolvência: também exige a má fé do terceiro (art. 120º, 4, do CIRE)[329]-[330].

Não haverá a proteção conferida pelo art. 17º (nem a que resulta do art. 18º) se os contratos ou as garantias tiverem sido celebrados ou prestadas *intencionalmente em detrimento de outros credores* (art. 19º do DL 105/2004)[331]. Mas, porque essa má fé é exigida para que possa ter lugar a resolução, parece que não poderá aplicar-se o regime da resolução incondicional prevista no art. 121º, 1: é que o respetivo nº 2 dispõe que tal regime «cede perante normas legais que excecionalmente exijam sempre a má fé ou a verificação de outros requisitos». É a leitura que fazem João Labareda e Frederico Gonçalves Pereira[332].

[329] O próprio art. 8º, 4, da Diretiva 2002/47/CE estabelece que a mesma «não afeta as normas gerais da legislação nacional em matéria de falência no que diz respeito à anulação das operações concluídas durante o período determinado referido [...]».

[330] O art. 4º, 2, do CIRE mostra que os atos praticados entre o início do processo e a data da declaração de insolvência podem, eventualmente, ser resolvidos. V, nesse sentido, CARVALHO FERNANDES/JOÃO LABAREDA, *Código da Insolvência e da Recuperação de Empresas anotado*, cit., p. 96.

[331] Defendendo que «a má fé relevante é a do beneficiário, não bastando a intenção lesiva por parte do prestador», JOÃO LABAREDA, *Contrato de garantia financeira e insolvência das partes contratantes*, cit., p. 129, nt. 41; sustentando antes que a vontade exigida «seja do prestador da garantia e do beneficiário da mesma», FREDERICO GONÇALVES PEREIRA, *A declaração de insolvência e o penhor financeiro (em particular a possibilidade de resolução pelo administrador da insolvência)*, in *III Congresso de direito da insolvência*, Almedina, Coimbra, 2015, p. 144. Ao contrário deste último autor, não nos parece que a prova exigida pelo art. 19º do DL 105/2004 afaste a necessidade de averiguar se estão verificados os requisitos estabelecidos no art. 120º, 5, do CIRE para se avaliar a má fé do terceiro. Com efeito, o art. 17º, 1, afasta a possibilidade de resolução pelo facto de o contrato ter sido celebrado ou a garantia prestada em certo momento. Também era isso que resultava do art. 8,º, 1, da Diretiva 2002/47/CE («pelo simples facto»; quanto aos casos previstos no art. 17º, 2, do DL 105/2004, v. o art. 8º, 3, da Diretiva: «unicamente com base»). Mas o art. 120º do CIRE tem em vista casos em que é necessária a má fé para ser possível a resolução. E a má fé consiste no que vem estabelecido no art. 120º, 5. Essa má fé não coincide com a prevista no art. 19º do DL 105/2004. Mas também não tinha de coincidir: é que a má fé do art. 19º do DL 105/2004 diz respeito aos casos em que a resolução não pode ter lugar pelo simples facto de o contrato ou a garantia financeira ter sido celebrado ou prestada num certo momento.

[332] JOÃO LABAREDA, *Contrato de garantia financeira e insolvência das partes contratantes*, cit., p. 129 (para o autor, a referida má fé, se permite recorrer à resolução, também não torna possível o funcionamento das presunções do art. 120º); FREDERICO GONÇALVES PEREIRA, *A declaração de insolvência e o penhor financeiro (em particular a possibilidade de resolução pelo administrador de insolvência)*, in «III Congresso de direito da insolvência», Almedina, Coimbra, 2015, p. 143 (este

O art. 8º, 1, da Diretiva apenas obriga a conferir proteção quando o acordo de garantia financeira ou a prestação de garantia financeira possam ser postos em causa pelo *simples facto* de isso ter ocorrido num certo momento ou num certo período de tempo. Já não diz respeito aos casos em que também é exigida a má fé pela legislação dos Estados-Membros. De qualquer modo, a Diretiva não parece afastar a possibilidade de conferir maior proteção aos acordos de garantia financeira e à prestação dessas garantias perante o regime geral da resolução em benefício da massa.

O art. 17º, 1, *b)*, *ii)*, do DL 105/2004 também confere proteção noutros casos: «os contratos de garantia financeira celebrados e as garantias financeiras prestadas ao abrigo desses contratos não podem ser resolvidos pelo facto de o contrato ter sido celebrado ou a garantia financeira prestada: [...] *b)* Num determinado período anterior definido por referência [...] *ii)* À tomada de qualquer outra medida ou à ocorrência de qualquer outro facto no decurso desse processo ou dessas medidas».

Por sua vez, o art. 18º, 2, do DL 105/2004, tem em vista os contratos de garantia financeira celebrados e as garantias financeiras prestadas «após a abertura de processos de liquidação e a adoção de medidas de saneamento relativas ao prestador da garantia financeira». Tais contratos e garantias ainda serão eficazes perante terceiros «desde que o beneficiário da garantia prove que não tinha nem deveria ter conhecimento da abertura desse processo ou da adoção dessas medidas»[333]. O que significa que, em princípio, não serão eficazes perante terceiros se o beneficiário da garantia não fizer essa prova.

Os preceitos referidos mostram a necessidade de saber se a abertura do processo de insolvência coincide ou não com o momento da declaração de insolvência. Além disso, é preciso compreender que nos dois preceitos estão em jogo diferentes proteções.

último autor, a p. 147, defende também que a resolução do penhor financeiro «deve implicar, por uma questão de certeza jurídica, uma intervenção prévia»).

333 O preceito transpõe o art. 8º, 2, da Diretiva 2002/47/CE. Quanto a este último, discute-se se abrangerá também os casos previstos no art. 8º, 3, da Diretiva. Admitindo essa aplicação, tendo em conta que o art. 8º, 2, da Diretiva diz respeito não só a acordos de garantia financeira, mas também a obrigações financeiras cobertas, Marco Schlaegel, *Die Finanzsicherheiten-Richtlinie (2002/47/EG) und ihre Umsetzung in das deutsche Recht*, cit., p. 79. A mesma dificuldade surge a propósito do art. 18º, 2, do DL 105/2004.

No art. 17º, 1, trata-se de proteger o contrato de garantia financeira e as garantias financeiras prestadas quanto à possibilidade de resolução. No art. 18º, 2, está em causa a eficácia dos contratos de garantia financeira e das próprias garantias prestadas perante terceiros. Com o art. 17º, 1, tenta-se transpor o art. 8º, 1, da Diretiva 2002/47. O art. 18º, 2, procura realizar a transposição do art. 8º, 2, da mesma Diretiva. Em ambos os casos sem grande rigor.

O art. 18º, 2, confere proteção a beneficiários de garantias financeiras quando o contrato de garantia financeira foi celebrado e a garantia financeira prestada após a abertura dos processos de liquidação e a adoção de medidas de saneamento. A proteção é conferida na medida em que o art. 18º, 2, garante eficácia perante terceiros aos contratos e garantias referidos. O preceito, no que diz respeito ao processo de insolvência, faz referência ao período posterior à abertura do processo. E isso cobre o período posterior à declaração de insolvência. Só que, naturalmente, a publicidade que for dada à sentença de declaração de insolvência torna quase impossível o funcionamento da proteção.

Porém, o art. 18º, 2, do DL 105/2004 parece conferir maior proteção do que a pretendida pelo art. 8º, 2, da Diretiva 2002/47/CE. Segundo esta última norma, os Estados-Membros devem assegurar proteção aos acordos de garantia financeira ou obrigações financeiras que entrem em vigor e às garantias financeiras prestadas *na data* de um processo de liquidação ou de medidas de saneamento (embora *não depois dessa data*), mas *após* a abertura daquele processo ou a tomada dessas medidas, de modo a que o acordo produza efeitos jurídicos e seja oponível a terceiros se o beneficiário da garantia «provar que não tinha conhecimento, nem deveria ter tido conhecimento, da abertura desse processo ou da tomada dessas medidas». Logo, não são abrangidas as garantias financeiras prestadas depois da data de um processo de liquidação ou de medidas de saneamento[334].

5.2.2. Resolução, declaração de invalidade ou nulidade, anulação. Lendo o texto em português da Diretiva 2002/47/CE, ficaríamos com a impressão de que o seu art. 8º, nºs 1 e 3, não daria proteção quanto à reso-

[334] Salientando isso mesmo, em consonância com as conclusões do Advogado-Geral, v. o Ac. TJ de 10 de novembro de 2016, Proc. C-156/15 (Private Equity Insurance Group SIA c. Swedbank AS), par. 46.

lução em benefício da massa. Com efeito, naquele nº 1 apenas vemos escrita referência à declaração de invalidade ou nulidade e à anulação, sendo também só isso que surge no nº 3. A palavra resolução não é utilizada. Porém, é de resolução que se trata no art. 17º, 1, do DL 105/2004.

No entanto, se compararmos com a versão em língua inglesa vemos que já ali surge a expressão «reversed», na versão em castelhano lemos as palavras «rescindidos» e «rescinda»[335] e na versão em alemão surge escrito «rückgängig gemacht werden»[336]. O que nos permite dizer que o art. 8º, 1, da Diretiva também abrange a resolução em benefício da massa insolvente.

5.2.3. O momento de abertura do processo. 5.2.3.1. O problema. Tanto o art. 17º, 1, como o art. 18º, 2, do DL 105/2004 mostram como é importante saber o que devemos entender por *abertura do processo de liquidação*[337]. No art. 2º, 1, *j)*, da Diretiva 2002/47, o processo de liquidação surge definido como «um processo coletivo que inclui a realização de ativos e a repartição do produto dessa realização entre os credores, os acionistas ou os membros, consoante o caso, e que implica a intervenção de uma autoridade administrativa ou judicial, incluindo os casos em que este processo é encerrado mediante uma concordata ou qualquer outra medida análoga, independentemente de se basear ou não numa falência e de ter carácter voluntário ou obrigatório». Está, evidentemente, abrangido o processo de insolvência regulado no CIRE.

Mas o processo de insolvência inclui vários momentos. Poderá dizer-se que o processo de liquidação está aberto assim que é recebida pela secretaria a petição inicial?[338] Ou será necessário que o juiz mande citar o devedor, se for o caso? Não será necessário esperar pela declaração de insolvência? Ou haverá abertura do processo de insolvência quando seja decretada uma medida cautelar?[339]

335 Cfr, sobre as «acciones de reintegración», o art. 71 da *Ley Concursal* espanhola.

336 Cfr. o § 143 da *InsO*, em que se encontra utilizado o termo «zurückzugewähren».

337 Tanto mais que o DL 105/2004 transpõe uma Diretiva: cfr. o Acórdão *Marleasing SA v. La Commercial Internacional de Alimentación SA*, C-106/89.

338 Cfr. o art. 259º, 1, CPC.

339 Na Alemanha o problema tem menor importância porque o § 27 da *InsO* prevê a existência de uma decisão de abertura («Eroffnungsbeschluβ»).

5.2.3.2. O Regulamento 1346/2000 e o Acórdão *Eurofood*. O art. 2º, *f*), do Regulamento 1346/2000 considera que o momento de abertura do processo é aquele «em que a decisão de abertura produz efeitos, independentemente de essa decisão ser ou não definitiva» (o art 2º, 8, do Regulamento 2015/848 tem praticamente a mesma redação). Assim, o processo só se considera aberto se houve uma decisão de abertura e se essa decisão produz efeitos, mesmo que não sendo definitiva. Terá havido uma primeira apreciação e consequente decisão, que leva ao prosseguimento do processo.

Mas o que é uma decisão de abertura do processo de insolvência? O Regulamento 1346/2000 dava a seguinte definição de «decisão»: «quando se utilize em relação à abertura de um processo de insolvência ou à nomeação de um síndico, a decisão de um órgão jurisdicional competente para abrir um processo dessa natureza ou para nomear um síndico».

No Processo *Eurofood* (Acórdão de 2.5.2006, no processo C-341/04), o TJ pronunciou-se sobre o que deveria entender-se por decisão de abertura do processo no âmbito do Regulamento 1346/2000[340]. Entre outras coisas, lemos na decisão ali proferida o seguinte: «Pelos fundamentos expostos, o Tribunal de Justiça (Grande Secção) declara: [...] 3) O artigo 16º, nº 1, primeiro parágrafo, do Regulamento nº 1346/2000 deve ser interpretado no sentido de que a decisão proferida por um órgão jurisdicional de um Estado-Membro chamado a conhecer de um pedido para esse efeito, baseado na insolvência do devedor e destinado à abertura de um processo mencionado no Anexo A do mesmo regulamento, constitui uma decisão de abertura do processo de insolvência na acepção dessa disposição, quando essa decisão implique a inibição do devedor e nomeie um síndico mencionado no Anexo C do referido regulamento. Dessa inibição resulta que o devedor perde os poderes de gestão sobre o seu património [...]».

No texto do Acórdão também se lê que «deve ser considerada uma «decisão que determin[a] a abertura de um processo de insolvência» na acepção do regulamento não apenas a decisão formalmente qualificada de decisão de abertura pela legislação do Estado-Membro do órgão jurisdicional que a profere, mas também a decisão proferida na sequência de um pedido, baseado na insolvência do devedor, destinado à abertura de um

[340] Defendendo que o Acórdão não exclui o relevo de uma *decisão formal de abertura*, Hans-Jochem Lüer, *EuInsO Art. 2*, in Wilhelm Uhlenbruck/Heribert Hirte/Heinz Vallender (her.), *Insolvenzordnung*, Franz vahlen, München, 2015, Rn. 11.

processo enumerado no Anexo A do referido regulamento, quando essa decisão implique a inibição do devedor e nomeie um síndico mencionado no Anexo C do referido regulamento. Uma inibição dessa natureza implica a perda, pelo devedor, dos poderes de gestão que detém sobre o seu património. Efectivamente, nesse caso, produziram-se as duas consequências características de um processo de insolvência, a saber, a nomeação de um síndico provisório mencionado no Anexo C e a inibição do devedor, estando assim reunidos todos os elementos constitutivos da definição dada a esse processo pelo artigo 1º, nº 1, do regulamento».

Perante o teor do Acórdão Eurofood, dir-se-á que não parece bastar que o processo de insolvência se considere pendente para se poder falar de abertura do processo. E também não bastará a apreciação liminar que tem lugar nos termos do art. 27º do CIRE. O processo de insolvência só se consideraria aberto, em regra, após a sentença de declaração de insolvência produzir efeitos. Isso mostra a importância da indicação da hora em que foi proferida a sentença de declaração de insolvência. Estará em causa evitar o efeito retroativo da declaração de insolvência até às zero horas do dia em que a sentença de declaração de insolvência é proferida[341].

Não é, porém, claro se uma decisão de nomeação de administrador judicial provisório com poderes exclusivos para administrar o património do devedor ou para o assistir nessa administração (art. 31º, 2, do CIRE) constitui uma decisão de abertura do processo. No referido caso *Eurofood*, o Tribunal de Justiça considerou, para efeitos do art. 16º do Regulamento 1346/2000, que na Irlanda bastaria a nomeação de um *provisional liquidator*.

A interpretação defendida pelo TJ no caso *Eurofood* poderia fazer sentido no âmbito da Diretiva 2002/47/CE ou do DL 105/2004. O regime da Diretiva está pensado para permitir determinar quando é que o devedor perde os poderes de disposição sobre os bens que integram o seu

[341] O art. 4º, 2, do CIRE dispõe que todos «os prazos que neste Código têm como termo final o início do processo de insolvência abrangem igualmente o período compreendido entre esta data e a da declaração de insolvência». Poderia dizer-se que o art. 17º do DL 105/2004 ainda conteria prazos: para a celebração de contratos de garantia financeira e para a prestação de garantias financeiras. O momento da abertura do processo de liquidação seria, então, o momento em que terminaria o prazo para que a tutela conferida pelo art. 17º do DL 105/2004 pudesse valer. No entanto, o art. 4º, 2, do CIRE só vale... para prazos do próprio CIRE.

património[342]. Nessa medida, adotar como momento da abertura do processo a data em que é proferida a sentença de declaração de insolvência permitiria uma clarificação do problema.

A isso acresce que na Diretiva 98/26/CE também podemos ler, no respetivo art. 6º, 1, que, para efeitos da mesma, «o momento da abertura de um processo de falência será o momento em que a autoridade judicial ou administrativa competente proferir a sua decisão». Por sua vez, o art. 8º, 1, do DL 221/2000 considera que, para efeitos do mesmo diploma, «o momento da abertura do processo de insolvência é aquele em que a autoridade competente profere qualquer decisão que limita, suspenda ou faça cessar o cumprimento de obrigações ou as garantias a estas associadas».

No entanto, a leitura sugerida pode enfrentar dificuldades. É que o TJ pronunciava-se sobre um problema relacionado com a aplicação do art. 16º do Regulamento 1346/2000. E no texto do Acórdão lia-se precisamente que «deve ser considerada uma «decisão que determin[a] a abertura de um processo de insolvência» na acepção do regulamento [...]». «Na acepção do regulamento» e, por isso, não na aceção da Diretiva 2002/47/CE. Por sua vez, o art. 6º, 1, da Diretiva 98/26/CE limita o respetivo âmbito de aplicação à Diretiva em causa.

5.2.3.3. O Regulamento (EU) 2015/848. O Regulamento (EU) 2015/848 faz agora referência, no seu art. 2º, 7, a uma «decisão de abertura do processo», considerando que, para efeitos daquele, será «a decisão de qualquer órgão jurisdicional de abrir um processo de insolvência ou de confirmar a abertura de um processo dessa natureza», bem como «a decisão de um órgão jurisdicional de nomeação de um administrador da insolvência». Por sua vez, o art. 4º, 1, daquele Regulamento também torna claro que, neste, a apresentação do pedido de abertura de um processo de insolvência não se confunde com o momento da abertura do processo de insolvência.

[342] Afirma, a propósito, Marco Schlaegel, *Die Finanzsicherheiten-Richtlinie (2002/47/EG) und ihre Umsetzung in das deutsche Recht*, cit., p. 77, que «em regra o devedor no processo de insolvência perde os poderes de disposição sobre os bens que integram o seu património no dia da abertura do processo de insolvência ou da adoção de outras medidas insolvenciais» («in der Regel verliert der Insolvenzschuldner am Tag der Eröffnung des Insolvenzverfahrens oder der Einleitung anderer Insolvenzmaβnahmen die Verfügungsmacht über die Gegenstände seines Vermögens»).

O que parece mais claro à luz do novo Regulamento é que a decisão de abertura do processo de insolvência pode ser a de *abrir o processo* ou de *confirmar a abertura do processo*, ou pode ser a decisão de *nomear um administrador da insolvência* (incluindo um administrador judicial provisório[343]). Além disso, deixa de ser necessário que a decisão «implique a inibição do devedor» (e que o devedor perca os poderes de gestão sobre o seu património) ou, até, que nomeie um administrador da insolvência.

O momento de abertura do processo continua a ser o «momento em que a decisão de abertura do processo de insolvência produz efeitos, independentemente de essa decisão ser ou não final». Mas o novo Regulamento vai continuar a permitir que surjam dúvidas quanto à questão de saber se a decisão em que o juiz manda citar o devedor (art. 29º, 1, do CIRE) é ou não uma decisão de abertura do processo. Contudo, já permite dizer com segurança que é, pelo menos, decisão de abertura do processo, para efeitos daquele Regulamento, a que nomeie um administrador judicial provisório no âmbito de medidas cautelares. E, assim, no PER também será decisão de abertura do processo a que nomeia o administrador judicial provisório.

5.3. Garantias financeiras e efeitos da declaração de insolvência sobre os contratos em curso

De acordo com o art. 102º, 1, do CIRE, em regra a declaração de insolvência conduz a que fique suspenso o cumprimento de qualquer contrato bilateral em que não haja ainda, à data da declaração de insolvência, total cumprimento por qualquer das partes. Essa suspensão dura até que o administrador da insolvência declare optar pela execução ou recusar o cumprimento. Além disso, a massa insolvente abrange, em regra também, todo o património do devedor à data da declaração de insolvência (art. 46º, 1).

Mas o que lemos no art. 18º, 1, do DL 105/2004 é que os contratos de garantia financeira *produzem efeitos nas condições e termos convencionados* ainda que seja aberto ou prossiga um processo de liquidação ou de adoção de medidas de saneamento. E isto tanto no que diz respeito ao *prestador* da garantia, como ao *beneficiário* dela.

Mais uma vez, isso não será assim se os contratos de garantia financeira tiverem sido celebrados intencionalmente em detrimento de outros credores (art. 19º do DL 105/2004).

[343] V. o Anexo B e o art. 2º, 5, do Regulamento 2015/848

Relativamente ao que as partes podem ou não convencionar, lembramos, no que diz respeito ao penhor financeiro, a possibilidade de o contrato conferir ao beneficiário da garantia o *direito de disposição* sobre o objeto desta. Contudo, não é isso que se verifica no caso de *créditos sobre terceiros*, como se vê no art. 9º, 1, do DL 105/2004.

Se as partes convencionarem aquele *direito de disposição* por parte do beneficiário do penhor financeiro, este pode *alienar* ou *onerar* o objeto da garantia prestada nos termos previstos no contrato (art. 9º, 2)[344]. E até se pode prever que, se o beneficiário do penhor financeiro *exercer o direito de disposição, não tem sequer que restituir* o objeto da garantia, podendo antes «livrar-se da sua obrigação de restituição por meio de compensação» (art. 10º, 1, *c)*, do DL 105/2004).

Além disso, as partes podem convencionar que o beneficiário do penhor financeiro pode «proceder à sua execução, fazendo seu o objeto da garantia, mediante venda ou apropriação, quer compensando o seu valor, quer aplicando-o para liquidação das obrigações financeiras garantidas»[345].

Por outro lado, ainda, as partes podem convencionar que, *se ocorrer um facto que desencadeie a execução*, tem lugar o *vencimento antecipado da obrigação de restituição* do beneficiário da garantia (*close-out netting*). Esse facto que desencadeia a execução pode ser o não cumprimento do contrato ou qualquer outro facto a que seja atribuído efeito análogo pelas partes (art. 12º, 2), como por exemplo a insolvência de uma das partes[346]. Por sua vez, o art. 15º considera o art. 12º aplicável aos contratos de alienação fiduciária em garantia.

Poderá perguntar-se se o beneficiário da garantia retira daí alguma vantagem. Se ele é beneficiário da garantia, e se o obrigado não cumpre,

[344] Os «termos previstos no contrato» podem, obviamente, limitar os poderes de alienar ou onerar. Considerando que pode ser estabelecida a necessidade de uma decisão judicial (*court order*), Hugh Beale/Michael Bridge/Louise Gullifer/Eva Lomnicka, *The law of security and title-based financing*, 2ª ed., Oxford University Press, Oxford, 2012, p. 54.

[345] Justifica-se lembrar que no art. 88º do CIRE está previsto que a «declaração de insolvência determina a suspensão de quaisquer diligências executivas ou providências requeridas pelos credores da insolvência que atinjam os bens integrantes da massa insolvente e obsta à instauração ou ao prosseguimento de qualquer ação executiva intentada pelos credores da insolvência».

[346] Thomas Keijser, *Financial collateral arrangements. The European Collateral Directive considered from a property and insolvency law perspective*, cit., p. 38, lembra o teor do GMRA (para repos) e do GMSLA (para empréstimos).

que vantagem retira do vencimento antecipado da sua própria obrigação de restituição quanto ao objeto da garantia? Retira a vantagem de *poder cumprir a sua obrigação de restituição através de compensação*, se essa possibilidade tiver sido convencionada. É o que resulta do art. 12º, 1, do DL 105/2004. E isto remete-nos para o ponto seguinte.

Antes de lá chegarmos, porém, convém referir que tudo o que dissemos mostra bem que o administrador da insolvência não tem a possibilidade de optar entre cumprir ou não cumprir o contrato de garantia financeira. Terá mesmo que o cumprir e não o pode considerar suspenso. Mas os termos do contrato de garantia financeira podem tornar necessárias algumas decisões.

5.4. Garantias financeiras e compensação

O CIRE contém no seu art. 99º um regime especial quanto à possibilidade de compensação, introduzindo limitações e exigências[347]. A preocupação da lei é compreensível. A possibilidade de compensação constitui um benefício para o credor. Enquanto os credores que não são simultaneamente devedores têm de esperar para ver se recebem alguma coisa no final, aquele credor que também é devedor acaba por poder utilizar o valor do seu crédito em momento anterior.

Além disso, a regra prevista no art. 119º, 2, do CIRE é a da nulidade de «cláusula que atribua à situação de insolvência de uma das partes o valor de uma condição resolutiva do negócio» ou que «confira nesse caso à parte contrária um direito de indemnização, de resolução ou de denúncia em termos diversos dos previstos» no Capítulo em causa. Essa regra conhece, é certo, a exceção contida no nº 3.

Pois bem, o art. 12º, 1, do DL 105/2004 permite que as partes no contrato de penhor financeiro convencionem o *vencimento antecipado da obrigação de restituição* do beneficiário da garantia e o *cumprimento dessa obrigação por compensação* para o caso de ocorrer um facto que desencadeie a execução. E esse facto pode ser a abertura de processo de insolvência ou a declaração de insolvência. Tal regime é, aliás, aplicável também à alienação fiduciária em garantia (art. 15º do DL 105/2004).

De acordo com o art. 7º, 1, da Diretiva 2002/47/CE, «Os Estados-Membros asseguram que uma cláusula de compensação com vencimento ante-

[347] Sobre este regime, v. ALEXANDRE DE SOVERAL MARTINS, *Um curso de direito da insolvência*, 2ª ed., Almedina, Coimbra, 2016, p. 167 e ss..

cipado possa produzir efeitos, nas condições previstas no acordo: *a)* Não obstante a abertura de um processo de liquidação ou de medidas de saneamento, relativamente ao prestador da garantia e/ou ao beneficiário da garantia [...]»[348]. Segundo o Considerando 14 da Diretiva, trata-se de gerir e limitar, numa base líquida, os riscos de crédito. A bola não cresce mais e é possível fazer uma comparação com o valor da garantia.

No entanto, a Diretiva 2002/47/CE não tinha a pretensão de tudo regular quanto à compensação, como resulta do Considerando 15: «A presente diretiva não prejudica qualquer das restrições ou requisitos da legislação nacional no que se refere a ter em conta os créditos e obrigações aquando da compensação, relativamente por exemplo à sua reciprocidade ou ao facto de terem sido concluídas antes de o beneficiário da garantia ter tido ou dever ter tido conhecimento da abertura (ou da existência de um ato jurídico vinculativo conducente à abertura) de processos de liquidação ou de saneamento relativamente ao prestador da garantia». Este Considerando foi criticado por alguma incerteza que veio gerar. Se a primeira parte diz pelo menos respeito ao requisito da reciprocidade, já a segunda parte é menos clara.

Ainda assim, o art. 20º do DL 105/2004 estabelece que o vencimento antecipado e a compensação previstos no art. 12º e 15º não são prejudicados pela abertura ou prossecução de processo de liquidação[349]. E isto tanto quanto ao prestador da garantia, como relativamente ao beneficiário da

[348] E não só. A cláusula de compensação com vencimento antecipado também produz efeitos «não obstante qualquer alegada cessão, apreensão judicial ou de outra natureza ou qualquer outra alienação desses direitos ou que a eles diga respeito». O art. 2º, 1, *n)*, da Diretiva define cláusula de compensação com vencimento antecipado da seguinte forma: «uma disposição de um acordo de garantia financeira, ou de um acordo que inclua uma garantia financeira ou, na falta de uma disposição desse tipo, qualquer disposição legal ao abrigo da qual, aquando da ocorrência do facto que desencadeia a execução, por compensação (*netting* ou *set-off*) ou por outro meio: *i)* o vencimento das obrigações cobertas das partes é antecipado, passando a ser imediatamente devidas e expressas enquanto obrigação de pagar um montante que represente o seu valor atual estimado, ou são extintas e substituídas por uma obrigação de pagar um tal montante, e/ou, *ii)* é apurado o montante devido por cada parte à outra relativamente a essas obrigações, devendo uma quantia líquida igual ao saldo da conta ser paga pela parte cuja dívida é mais elevada».

[349] Além disso, também não são prejudicados pela adoção de medidas de saneamento ou pela cessão, apreensão judicial ou atos de natureza nem por qualquer alienação de direitos (v. als. *b)* e *c)*).

mesma. É, nessa medida, dada prevalência aos interesses da estabilidade financeira e da maior integração e eficiência dos mercados[350].

O art. 7º, 2, da Diretiva 2002/47/CE estabelece, inclusivamente, que os «Estados-Membros asseguram que a aplicação de uma cláusula de compensação com vencimento antecipado não possa ser sujeita a nenhum dos requisitos previstos no nº 4 do artigo 4º, salvo acordo em contrário das partes». Isto é, só por acordo das partes é que a cláusula de compensação com vencimento antecipado pode ficar sujeita às obrigações previstas no art. 4º, 4 (designadamente, e em termos gerais, obrigações de notificação prévia – v.g., do *netting* – , aprovação, leilão público ou prazo adicional)[351]. Trata-se, é certo, de um regime que não surge claramente previsto no DL 105/2004. Contudo, os termos do art. 8º, 2, conjugados com os dos arts. 12º e 15º desse mesmo diploma, parecem estabelecer um regime semelhante ao que resulta da Diretiva[352].

5.5. Garantias financeiras e poderes do administrador da insolvência

O art. 81º, 1, do CIRE estabelece que, em regra, «a declaração de insolvência priva imediatamente o insolvente, por si ou pelos seus administradores, dos poderes de administração e de disposição dos bens integrantes da massa insolvente, os quais passam a competir ao administrador da insolvência». A sanção para a violação do preceito é, também em regra, a da ineficácia, como resulta do nº 6.

Há casos em que a ineficácia está afastada, como se vê no art. 81º, 6, do CIRE. Mas isso é assim desde que não tenha havido registo da sentença de declaração de insolvência. E não vale, designadamente, para os que se integram em algum dos tipos previstos no art. 121º, 1, do CIRE. Neste mesmo preceito encontramos referidas situações que abrangem a constituição de, pelo menos, algumas garantias financeiras: é ver as als. *c)* (constituição pelo devedor de garantias reais relativas a obrigações preexistentes

[350] Cfr. as *Erläuternde Bemerkungen* à *Regierungsvorlage* da lei austríaca, em Thomas Krumhuber/Andreas Zahradnik, *Finanzsicherheiten-Gesetz*, cit., p. 81.

[351] Como esclarecem as *Erläuternde Bemerkungen* à *Regierungsvorlage* da lei austríaca, consultadas em Thomas Krumhuber/Andreas Zahradnik, *Finanzsicherheiten-Gesetz*, cit., p. 81, pretende-se garantir que, sem prejuízo do que seja convencionado, o close-out netting possa ocorrer da mesma forma que a execução.

[352] Considerando que o art. 7º da Diretiva ainda diz respeito ao enforcement, Thomas Keijser, *Financial collateral arrangements. The European Collateral Directive considered from a property and insolvency law perspective*, cit., p. 77.

ou de outras que as substituam, nos seis meses anteriores à data de início do processo de insolvência) e *e)* (constituição pelo devedor de garantias reais em simultâneo com a criação das obrigações garantidas, dentro dos 60 dias anteriores à data do início do processo de insolvência).

Foi anteriormente realçado que o art. 18º, 1, do DL 105/2004 estabelece que «os contratos de garantia financeira produzem efeitos nas condições e segundo os termos convencionados pelas partes» ainda que tenha sido aberto ou prossiga um processo de liquidação ou de adoção de medidas de saneamento. E isto quer o processo diga respeito ao prestador da garantia, quer diga respeito ao beneficiário da garantia. O administrador da insolvência terá que cumprir o que resulta deste regime[353]. Mas isso nem sempre será fácil. Nomeadamente, quando o insolvente tivesse possibilidade de escolher um de vários caminhos.

Além disso, se lermos o art. 18º, 2, do DL 105/2004, o que verificamos é que os contratos de garantia financeira e as garantias financeiras prestadas após a abertura de um processo de liquidação[354] e a adoção de medidas de saneamento que digam respeito ao prestador da garantia serão ainda eficazes perante terceiros no caso de o beneficiário conseguir provar que «não tinha nem deveria ter conhecimento da abertura desse processo ou da adoção dessas medidas». Isto parece significar que a ineficácia prevista no art. 81º, 6, do CIRE não abrangerá aqueles casos[355]. Assim, o administrador da insolvência terá que respeitar o contrato de garantia financeira celebrado e as garantias financeiras prestadas nos termos referidos. Lembre-se, ainda, que a prestação da garantia financeira envolve o desapossamento. E isso é particularmente interessante quando o objeto da garantia financeira é numerário. Mas já vimos que a publicidade que é conferida à sentença de declaração de insolvência limita a utilidade do regime.

[353] A forma como o deve fazer pode ser discutível. Considerando que, perante os Financial Collateral Regulations, o «power of an administrator to deal with 'charged property does not apply in relation to financial colateral subject to such a financial arrangement», GEOFFREY YEOWART/ROBIN PARSONS, *Yeowart and Parsons on The Law of Financial Collateral*, GEOFFREY YEOWART/ROBIN PARSONS, *Yeowart and Parsons on The Law of Financial Collateral*, cit., p. 91.

[354] Sendo certo que se pode discutir o que significa isso. Note-se também que o art. 81º, 6, do CIRE pressupõe a declaração de insolvência.

[355] É semelhante a leitura de HARALD HESS, *§ 81*, in *Insolvenzrecht. Großkommentar in zwei Bänden*, Bd. I, 2. Aufl., C.F. Müller, Heidelberg-München, etc., 2013, Rn. 54, para o direito alemão.

Outro aspeto que se justifica referir é o que diz respeito aos poderes de disposição do próprio administrador da insolvência. Como se lê no art. 158º, 1, do CIRE, transitada em julgado a sentença de declaração de insolvência e realizada a assembleia de apreciação do relatório, o administrador da insolvência procede à venda dos bens apreendidos para a massa insolvente. E deve fazê-lo com prontidão. Porém, tratando-se do objeto de penhor financeiro, há que voltar a lembrar que os contratos de garantia financeira «produzem efeitos nas condições e segundo os termos convencionados pelas partes» (art. 18º, 1, do DL 105/2004). Além disso, o administrador da insolvência do prestador da garantia tem que respeitar o desapossamento previsto no art. 6º do DL 105/2004. Não pode exigir a entrega nesses casos[356].

Mas, por outro lado, se o administrador da insolvência do beneficiário de penhor financeiro com direito de disposição alienar o objeto da garantia prestada, nos termos previstos no contrato (art. 9º, 2, do DL 105/2004), atua bem. Estando em causa um penhor financeiro, o art. 11º, 1, do DL 105/2004 permite que o beneficiário da garantia venda o objeto da garantia[357], podendo ser discutido se é ou não de exigir acordo nesse sentido. Sendo admissível a venda, o administrador da insolvência poderá efetuá-la se o beneficiário da garantia for o insolvente.

Questão diferente, porém, é a de saber se os referidos atos de alienação praticados pelo administrador da insolvência podem ser considerados atos de especial relevo e, portanto, ficar dependentes do consentimento da comissão de credores ou da assembleia de credores de acordo com o disposto no art. 161º do CIRE.

5.6. Garantias financeiras e reclamações de créditos. Como já vimos, o art. 18º, 1, do DL 105/2004 estabelece que «os contratos de garantia financeira produzem efeitos nas condições e segundo os termos convencionados pelas partes» apesar de ter sido aberto ou prosseguir um processo de liquidação ou de adoção de medidas de saneamento. E isto tanto relativamente ao prestador, como ao beneficiário da garantia. Por sua vez, o

[356] João Labareda, «Contrato de garantia financeira e insolvência das partes contratantes», cit., p. 123.

[357] Sobre a necessidade ou não de convenção para a venda tendo em conta o art. 11º, *a)*, do DL 105/2004, v. o que escrevemos acima.

art. 8º, 2, daquele mesmo diploma, depois de ressalvar o que tiver sido acordado pelas partes, dispõe que «a execução da garantia pelo beneficiário não está sujeita a nenhum requisito [...]».

Assim sendo, parece que, se o garante está insolvente, o beneficiário da garantia não tem de reclamar o seu crédito no processo de insolvência se a garantia prestada for suficiente para satisfazer aquele crédito. Na hipótese contrária, terá que apresentar a sua reclamação.

Se o prestador da garantia não for o devedor, também este último pode encontrar-se em situação de insolvência. Caso a garantia não permita ao beneficiário obter a satisfação integral do seu crédito, pode ainda ter que reclamar a parte não satisfeita no processo de insolvência do devedor.

ÍNDICE

NOTA PRÉVIA À 2ª EDIÇÃO 5

AS ALTERAÇÕES AO CIRE QUANTO AO PER E PEPAP 7
1. O DL 79/2017, de 30 de junho 7
2. O PER para as empresas, o PEPAP (Processo Especial Para Acordo de Pagamentos) para os devedores que não sejam «empresas» 7
3. No PER, a exigência aumenta 8
4. A oportunidade de corrigir alguns lapsos 9
5. O art. 17º-F, 3, e o prazo para alegar quanto ao plano depositado 9
6. Outras novidades importantes contidas no art. 17º-F 10
7. Efeitos do despacho que nomeia o AJP 11
   7.1. Suspensão de prazos de prescrição e de caducidade 11
   7.2. Os serviços públicos essenciais 11
8. As sociedades em relação de domínio ou de grupo 11
9. O novo art. 17º-J 12
10. O art. 222º-G, 5 13

A REFORMA DO CIRE E AS PMES 15
1. Nota prévia 15
2. Do PER ao PEPAP, passando pela empresa, pela pessoa singular, pelo comerciante, pelo não comerciante, pelo não empresário 15
3. A declaração de contabilista ou ROC e o requerimento de PER 16
4. Os serviços públicos essenciais e as negociações no PER 16
5. A PME credora e o plano de recuperação apresentado no PER 17
6. Citações e formulários 18
7. O encerramento do processo de insolvência e a exoneração do passivo restante 18

O RERE (REGIME EXTRAJUDICIAL DE RECUPERAÇÃO DE EMPRESAS) 23
1. Apresentação do tema 23
2. O período das negociações 25
3. Os efeitos do depósito do protocolo de negociação 26
3.1. Efeitos processuais do depósito do protocolo 26
3.2. Efeitos sobre os contratos em curso 28
3.3. Efeitos sobre o devedor 29
4. As negociações podem envolver muitas entidades 29
5. O encerramento das negociações 30
6. O acordo de reestruturação 30
7. O conteúdo do acordo de reestruturação 31
8. A proteção de alguns negócios perante a resolução em benefício da massa 31
9. O incumprimento do acordo de reestruturação 32

O REGIME DE CONVERSÃO DE CRÉDITOS EM CAPITAL 33
1. Nota prévia 33
2. Os pressupostos 35
3. A proposta dos credores e alguns aspetos relativos ao seu conteúdo. A deliberação dos sócios 39
4. O direito de «preferência» no aumento de capital 41
5. O «suprimento» judicial 41
6. Aquisição subsequente do capital 43
7. A declaração de insolvência da sociedade 44
8. Os processos de insolvência pendentes 44
9. Apreciação geral 45

O REGULAMENTO (UE) 2015/848 RELATIVO AOS PROCESSOS DE INSOLVÊNCIA 47
1. Introdução. As razões para um novo Regulamento 47
2. Alargamento do âmbito de aplicação 49
3. O devedor não desapossado 56
4. O CIP. A definição 57
5. CIP e sede estatutária 60
6. O CIP e as pessoas singulares 62
7. O processo secundário 64
7.1. O processo secundário não tem que ser um processo de liquidação 64
7.2. A garantia para *evitar a abertura* de processo secundário 65
7.3. A suspensão da abertura do processo secundário 68
8. O estabelecimento 69

9. A verificação oficiosa da competência 74
10. Regras sobre publicidade 76
11. Deveres de cooperação e comunicação entre administradores da insolvência, entre órgãos jurisdicionais e entre administradores da insolvência e órgãos jurisdicionais 76
12. A abertura de diferente processo de insolvência 78
13. As ações decorrentes diretamente do processo e com ele estreitamente relacionadas 79
14. Grupos de sociedades e insolvência 81
14.1. Uma grande novidade. O grupo de sociedades 81
14.2. Entidade por entidade 85
14.3. Uma questão quanto ao âmbito de aplicação 85
14.4. Cooperação e comunicação 86
14.5. Processos de coordenação de grupo 89
14.6. Os processos que ficam de fora do processo de coordenação e a suspensão de medidas de liquidação 101
14.7. Uma última nota quanto aos grupos de sociedades 102
15. Aspetos que são especialmente relevantes para as PMEs 102

O PENHOR FINANCEIRO E A ALIENAÇÃO FIDUCIÁRIA EM GARANTIA NO PROCESSO DE INSOLVÊNCIA 103
1. Principais problemas a analisar 103
2. Os requisitos dos arts. 3º a 7º do DL 105/2004 108
2.1. Nota prévia 108
2.2. Os sujeitos (*dramatis personae*) 108
2.3. As obrigações financeiras garantidas 110
2.4. O objeto da garantia 111
2.5. O desapossamento ou o controlo 113
2.6. Prova (e "formalidades") 116
3. O penhor financeiro, o direito de disposição e o direito de venda ou apropriação 119
3.1. O direito de disposição 119
3.2. O direito de disposição e o Regulamento 2015/2365 121
3.3. O direito de venda ou apropriação 123
4. A alienação fiduciária em garantia e a obrigação de restituição 128
4.1. A alienação fiduciária em garantia e o princípio do *numerus clausus* 128
4.2. A obrigação de restituição na alienação fiduciária em garantia 130
4.3. O Regulamento 2015/2365 (remissão) 132
5. As garantias financeiras e o direito da insolvência 132
5.1. Alguns aspetos prévios a ter em consideração 132

5.2. Garantias financeiras e resolução em benefício da massa 134
5.2.1. Resolução e má fé 134
5.2.2. Resolução, declaração de invalidade ou nulidade, anulação 138
5.2.3. O momento de abertura do processo 139
5.2.3.1. O problema 139
5.2.3.2. O Regulamento 1346/2000 e o Acórdão *Eurofood* 140
5.2.3.3. O Regulamento (EU) 2015/848 142
5.3. Garantias financeiras e efeitos da declaração de insolvência sobre os contratos em curso 143
5.4. Garantias financeiras e compensação 145
5.5. Garantias financeiras e poderes do administrador da insolvência 147
5.6. Garantias financeiras e reclamações de créditos 149